Estudos Aplicados de Direito Empresarial

Estudos Aplicados de Direito Empresarial

LL.C. EM DIREITO EMPRESARIAL

2023

Coordenação:

Pamela Romeu Roque

ALMEDINA

ESTUDOS APLICADOS DE DIREITO EMPRESARIAL
LL.C. EM DIREITO EMPRESARIAL

COORDENADORA: Pamela Romeu Roque

DIRETOR ALMEDINA BRASIL: Rodrigo Mentz
EDITORA JURÍDICA: Manuella Santos de Castro
EDITOR DE DESENVOLVIMENTO: Aurélio Cesar Nogueira
ASSISTENTES EDITORIAIS: Larissa Nogueira e Letícia Gabriella Batista
ESTAGIÁRIA DE PRODUÇÃO: Laura Roberti

DIAGRAMAÇÃO: Almedina
DESIGN DE CAPA: Roberta Bassanetto

ISBN: 9786556278933
Agosto, 2023

Dados Internacionais de Catalogação na Publicação (CIP)
(Câmara Brasileira do Livro, SP, Brasil)

Estudos aplicados de direito empresarial :
LLC empresarial / coordenação Pamela Romeu
Roque. – São Paulo: Almedina, 2022.

Vários autores.
Bibliografia.
ISBN 978-65-5627-893-3

1. Direito empresarial – Legislação – Brasil
I. Roque, Pamela Romeu.

23-153422 CDU-34:338.93(81)

Índices para catálogo sistemático:
1. Brasil: Direito empresarial 34:338.93(81)
Aline Graziele Benitez – Bibliotecária – CRB-1/3129

Este livro segue as regras do novo Acordo Ortográfico da Língua Portuguesa (1990).

EDITORA: Almedina Brasil
Rua José Maria Lisboa, 860, Conj.131 e 132, Jardim Paulista | 01423-001 São Paulo | Brasil
www.almedina.com.br

SOBRE A COORDENADORA

Pamela Romeu Roque

Professora do Insper Direito, é mestre em Direito Comercial pela Universidade de São Paulo e pela Universidade de Yale (Estados Unidos). É autora dos livros Governança Corporativa de Bancos e a Crise Financeira Mundial – Análise Comparativa de Fontes do Cenário Brasileiro (Editora Almedina, 2017), e Securitização de Créditos Vencidos e Pendentes de Pagamento e Risco Judicial (Editora Almedina, 2014). É advogada no Brasil e no Estado de Nova York (Estados Unidos) e árbitra na Câmara de Mediação e Arbitragem Especializada – CAMES.

SOBRE OS AUTORES

André Luiz Marcelino Antunes, bacharel em Direito pela UNISUL. Pós-graduação em Direito Processual Civil pelo Damásio Educacional. Pós-graduação (LL.C.) em Direito Empresarial pelo INSPER. Pós-graduação (LL.M) em Direito dos Mercados Financeiro e de Capitais pelo INSPER (em curso). Advogado com mais de 10 anos de atuação em escritórios de advocacia full service e em departamento jurídico. Possui experiência em Consultivo e Contencioso Estratégico, Contratos, Fusões e Aquisições, Mercado Financeiro, Direito Regulatório, Meios de Pagamento, Compliance, Direito Digital, Mídia e Tecnologia, Direito de Propriedade Intelectual e Proteção de Dados.

Carolina Pochetto Michalawski, advogada, especialista em Direito Empresarial pelo Instituto de Ensino e Pesquisa – INSPER, com extensão em Recuperação Judicial e Falência pela Pontifícia Universidade Católica, graduada pelas Faculdades Metropolitanas Unidas – FMU, atuante há mais de 10 anos na área de insolvência e recuperação de empresas.

Lucas Bellini Pereira, bacharel em Direito pela Universidade Presbiteriana Mackenzie. Pós-graduado (LL.C.) em Direito Empresarial pelo Instituto de Ensino e Pesquisa (Insper). Advogado no escritório Araújo e Policastro Advogados, com atuação na área de Direito Societário e M&A.

Otávio Ev, advogado, especialista em Direito Empresarial pelo Instituto de Ensino e Pesquisa – INSPER. Graduado pela Universidade do Vale do Rio dos Sinos – UNISINOS e membro do grupo de Tributação e Economia da Universidade Federal do Rio Grande do Sul – UFRGS.

Paula Milaneze Diniz, Pós-Graduanda Lato Sensu ("LLM") em Direito Societário no Instituto de Ensino e Pesquisa – INSPER; Pós-Graduada Lato Sensu ("LLC") em Direito Empresarial pelo Instituto de Ensino e Pesquisa – INSPER. Graduada pela FMU – Faculdades Metropolitanas Unidas. Advogada da área societária e do núcleo de reorganizações e planejamentos sucessórios na Dessimoni & Blanco Advogados

APRESENTAÇÃO

É com grande satisfação que apresento este volume da coleção "Estudos Aplicados de Direito Empresarial – LLC em Direito Empresarial". Ele é composto por cinco artigos que decorrem dos trabalhos de conclusão de curso de alunos do programa LLC em Direito Empresarial do Insper. Referidos alunos, hoje autores, responderam com excelência ao desafio a eles propostos: dissertar sobre problemas empresariais reais complexos, que ultrapassassem as tradicionais fronteiras estanques do direito, exigindo, assim, a capacidade de raciocinar com várias áreas do direito e com adequação para a realidade de empresas. Ao assumirem como objeto de seus artigos questões reais do mundo empresarial, os autores nos oferecem textos de extensa gama de situações, todas relevantes e presentes na atualidade.

É nesse sentido que André Luiz Marcelino Antunes abre o volume tratando da integralização do capital social com criptoativos e seus obstáculos. Nessa direção, o autor explora o conceito e a função do capital social, bem como os requisitos para que bens o integralizem, aprofundando, na sequência, sobre os criptoativos, dos quais as criptomoedas são uma espécie. Com esse ferramental, o autor envereda por manifestações de órgãos brasileiros e pelos principais empecilhos para a utilização dos criptoativos para a integralização do capital social, notadamente sua volatilidade, impenhorabilidade prática, e dificuldade de confirmação da titularidade.

Na sequência, Carolina Pochetto Michalawski apresenta seu artigo "Aspectos gerais e problematizações do crime de favorecimento de credores no âmbito do procedimento recuperacional". Nele, a autora explora a complexidade da aplicação desse crime, configurado pelo ato de disposição ou oneração patrimonial ou gerador de obrigação destinado a favorecer um ou mais credores em prejuízo dos demais, com enfoque quando da sua prática no âmbito de uma recuperação judicial. Para tanto, o artigo aborda o conceito do crime em espécie, as disposições previstas na Lei 11.101/2005 que o regulam, bem como a complexidade das condições objetivas de punibilidade previstas e a competência para seu julgamento. A autora é crítica ao apontar como a efetiva configuração do delito e a atuação do poder repressor pelo Estado acabam por tornarem-se demasiadamente precárias.

Já Lucas Bellini Pereira adentra ao importante e cada vez mais presente universo do ESG (*environmental, social, and governance*, ou, em português, ASG – ambiental, social e governança). O autor ocupa-se de investigar a relação entre indicadores ESG e o desempenho empresarial das organizações, bem como a atual situação sobre a aplicação desses parâmetros no ordenamento brasileiro. Recentes propostas e normas são analisadas nesse contexto.

Por sua vez, Otávio Ev apresenta seu artigo "Law and economics e cost sharing agreement: análise da tributação dos reembolsos nos contratos de rateio de custos e despesas em grupos econômicos internacionais com centro de custo no exterior". Nele, o autor, valendo-se do ferramental teórico da Análise Econômica do Direito, faz uma análise crítica quanto a eventual lógica normativa tributária e jus-econômica para a ausência de isonomia entre a tributação das operações de rateio com centros de custo localizados no território nacional e a tributação das operações internacionais com centro de custo no exterior.

Para tanto, Otávio Ev inicia com um detido estudo dos contratos de compartilhamento de custos e despesas, bem como do tratamento tributário adotado majoritariamente pelas autoridades fiscais no âmbito de grupos econômicos exclusivamente nacionais em contraposição aos grupos internacionais com centro de custo no exterior. Na sequência, valendo-se do ferramental mencionado, o autor desenvolve a sua conclusão pela inexistência de lógicas jurídico-tributária ou jus-econômica para a referida tributação diferenciada.

Por fim, Paula Milaneze Diniz fecha o volume com seu artigo "Lei Geral de Proteção de Dados Pessoais, uma análise à caracterização do dano moral ao consumidor em caso de vazamento de dados decorrente de crime virtual". Nele, a autora nos traz a ora indispensável Lei Geral de Proteção de Dados, com enfoque em dano moral. Nesse sentido, Paula Diniz aborda os diferentes tipos de dados e quem são os agentes de tratamento, bem como os requisitos que autorizam que os dados sejam tratados, para, na sequência, adentrar o campo da responsabilidade civil. A autora estuda a responsabilidade civil objetiva, a teoria do risco, e o fortuito interno, e investiga a possibilidade de aplicação de excludente de responsabilidade civil objetiva por fato de terceiro no caso de crime virtual de vazamento de dados. Paula Diniz não deixa de avaliar casos concretos da jurisprudência, bem como entendimentos que estão desabrochando levando em consideração as inúmeras variáveis que podem influenciar na responsabilização objetiva da empresa em razão do vazamento.

Como essa breve apresentação torna possível perceber, os artigos aqui contidos iluminam questões complexas e valem a leitura. Esperamos que o leitor colha bons frutos!

SUMÁRIO

A INTEGRALIZAÇÃO DO CAPITAL SOCIAL COM CRIPTOATIVOS E OS OBSTÁCULOS IDENTIFICADOS

André Luiz Marcelino Antunes

Introdução

Nos últimos anos muitos questionamentos surgiram acerca do *Blockchain* e dos criptoativos, seja do ponto de vista jurídico, financeiro ou regulatório.

Um deles, em específico, diz respeito ao capital social das empresas e a possibilidade de integralização deste com criptoativos.

Essa e outras dúvidas relacionadas vinham sendo trazidas recorrentemente às Juntas Comerciais de todo o país, sem que, contudo, houvesse resposta certa e definitiva.

A fim de responder alguns questionamentos sobre essa questão e trazer um pouco de segurança e conforto, no dia 1º de dezembro de 2020, ao responder uma consulta realizada pela Junta Comercial do Estado de São Paulo ("JUCESP"), o Departamento Nacional de Registro Empresarial ("DREI") emitiu o Ofício Circular SEI nº 4081/2020/ME no qual se manifestou de forma favorável à possibilidade de utilização de criptomoedas como meio de pagamento de operações societárias e integralização de capital de sociedades.

Nesse Ofício Circular o DREI indicou que, diante da inexistência de vedação legal ou infralegal expressa, todas as Juntas Comerciais do país poderão sim aceitar a utilização de criptoativos como forma de integralização do capital social.

Ocorre que, ao passo que essa manifestação do DREI trouxe certo de conforto e segurança, por outro lado muitos questionamentos voltaram a ganhar força e passaram a ser objeto de debates.

Ora, ainda que não haja expressa vedação legal, poderiam os criptoativos serem considerados bens suscetíveis de integralização do capital social?

Para muitos isso é inviável, tendo em vista que, por não preencherem requisitos legais e principiológicos estabelecidos no Código Civil de 2002 ("CC/02") e na Lei nº 6.404/76 ("LSA"), os criptoativos não poderiam então serem considerados como bens destinados à integralização do capital social, ainda que a lei não os proíba de maneira expressa.

Com isso em foco, o objeto do presente trabalho será a análise da viabilidade de se utilizar criptoativos para a integralização do capital social de sociedades empresárias limitadas e anônimas.

A fim de obter maiores esclarecimentos sobre essa controvérsia, a metodologia do presente estudo será realizada pela análise da redação da legislação vigente, das manifestações dos órgãos reguladores e fiscalizadores já publicadas, das propostas regulatórias em andamento, dos conceitos e lições extraídos de relevante doutrina sobre o tema, bem como dos mais recentes entendimentos dos Tribunais pátrios acerca de problemáticas relativas aos criptoativos.

No entanto, diante da extensa quantidade de indagações existentes acerca desse assunto e de não ser possível em tão poucas páginas explorá-las com o máximo de aprofundamento necessário, o presente estudo não abordará de forma minuciosa as mais diversas questões relativas ao capital social, a definição conceitual de "bens" para a doutrina civilista, tampouco poderá versar sobre os tantos e interessantíssimos novos debates que surgiram – e continuam surgindo – no meio jurídico em virtude desse novo universo dos criptoativos.

Dessa feita o presente trabalho será dividido em três capítulos:

No primeiro serão explorados brevemente o conceito e a função do capital social, a possibilidade de formação dele com bens, os requisitos que tais bens devem cumprir para poder integralizar o capital social e uma rápida análise sobre as definições de "bens" e dos chamados "bens digitais".

O segundo capítulo tratará brevemente acerca das criptomoedas, do *blockchain*, dos criptoativos (especificamente algumas de suas as definições, classificações e natureza jurídica– embora ainda não haja um consenso dos estudiosos e órgãos reguladores ao redor do mundo), uma rápida análise da Lei Federal nº 14.478/2022 (o Marco Legal dos Criptoativos) e das normas regulamentadores que estão por vir, bem como sobre os posicionamentos já exarados por alguns órgãos brasileiros, inclusive a manifestação do DREI que, por meio do Ofício Circular SEI nº 4081/2020/ME de 1º de dezembro de 2020, se posicionou favoravelmente à possibilidade de formação do capital de uma sociedade com criptomoedas (espécie de criptoativos).

Por fim no terceiro e último capítulo destacar-se-á os principais empecilhos para a utilização dos criptoativos para fins de integralização do capital social, notadamente por não serem moedas, bem como por sua volatilidade, impenhorabilidade, dificuldade de confirmação da titularidade, a ausência de utilidade para a sociedade, a inexistência de procedimento formal para aferir a transferência da propriedade, bem como a questão da responsabilidade pela gestão das chaves privadas dos criptoativos que eventualmente sejam integralizados.

1. Capital social das sociedades empresárias

1.1. Considerações iniciais

O capital social, que consta no contrato ou estatuto, pode ser conceituado como sendo a **cifra** equivalente ao valor que os sócios/acionistas transferiram ou se comprometeram a transferir à sociedade.

Ao subscreverem suas quotas/ações, os sócios/acionistas se obrigam a integralizá-las mediante a transferência à sociedade de dinheiro ou bens que lhe correspondam.[1]

No que tange à função do capital social, Fábio Ulhoa Coelho[2] destaca que não existe um consenso na doutrina: parte dela entende que o capital social representa uma garantia aos credores da sociedade, ao passo que outra corrente doutrinária, no entanto, vê isso como uma acepção equivocada, tendo em vista que tal função seria a do patrimônio da sociedade e não a do capital social, sendo esta última a linha defendida por Fábio Ulhoa Coelho.

Seguindo essa última corrente, Ana Frazão[3] salienta que "o capital social constitui, portanto, uma garantia **indireta** para os credores, pois o que realmente importa para a solvência da sociedade é o seu patrimônio líquido".

De acordo com a autora, é importante observar que não se confundem o capital social e o patrimônio social, pois "o pri-

[1] BORBA, José Edwaldo Tavares. **Direito societário**. 18. ed. rev. e atual. São Paulo: Atlas, 2021. Disponível em: https://app.minhabiblioteca.com.br/#/books/9788597026429/. Acesso em: 27 jun. 2021. (livro digital não paginado).

[2] COELHO, Fábio Ulhoa. Conceito e função do capital social. *In*: COELHO, Fábio Ulhoa (coord). **Lei das sociedades anônimas comentada**. Rio de Janeiro: Forense, 2021. cap. II. Disponível em: https://app.minhabiblioteca.com.br/#/books/9786559640683/. Acesso em: 28 jun. 2021. (livro digital não paginado).

[3] FRAZÃO, Ana. Princípios do capital social. *In*: COELHO, Fábio Ulhoa (coord). **Lei das sociedades anônimas comentada**. Rio de Janeiro: Forense, 2021. cap. II. Disponível em: https://app.minhabiblioteca.com.br/#/books/9786559640683/. Acesso em: 28 jun. 2021. (livro digital não paginado). (grifo nosso)

meiro refere-se a uma cifra contábil, enquanto o segundo representa a diferença entre os ativos e os passivos da sociedade"[4].

Ao discorrer sobre o tema, Erasmo Valladão Azevedo e Novaes França, Marcelo Vieira von Adamek e Giulia Ferrigno Poli Ide Alves também destacam a **função** do capital social de **garantir indiretamente os credores**:

> Historicamente, no momento em que se permitiu aos particulares a constituição de sociedades de responsabilidade limitada, em que a sociedade responde pelas suas dívidas em nome próprio e com seu próprio patrimônio, foi necessário conceber um sistema eficaz de proteção aos credores, que se deu justamente através do instituto do capital social [...]
>
> **Trata-se essencialmente de uma cifra que representa o valor estimado pelos sócios como necessário ao desenvolvimento da atividade social da empresa, e que deve estar expresso, em moeda corrente nacional**, no contrato social (CC, art. 997, III) ou estatutos (LSA, art. 5º). É um valor ideal, e não uma realidade corpórea ou tangível. **Ou seja, o valor do capital social serve para proteger os credores, mas não diretamente, no sentido de que estará a eles sempre disponível, mas sim indiretamente, no sentido de que as contribuições no montante do capital social fluíram (ou deveriam ter fluído) para a empresa no decurso da sua formação (funcionando como uma garantia material da liquidez da sociedade).**
>
> Diferencia-se, assim, do patrimônio, conforme a imagem cunhada por Vivante – sempre citada na literatura jurídica – que compara o capital social a um recipiente, destinado a medir os grãos, que representam, nessa imagem, o patrimônio social.

[4] Frazão, Ana. Princípios do capital social. *In*: Coelho, Fábio Ulhoa (coord). **Lei das sociedades anônimas comentada**. Rio de Janeiro: Forense, 2021. cap. II. Disponível em: https://app.minhabiblioteca.com.br/#/books/9786559640683/. Acesso em: 28 jun. 2021. (livro digital não paginado). (grifo nosso)

> Os grãos podem exceder o recipiente – caso em que a sociedade estará dando lucro – ou podem não chegar a enchê-lo –caso em que a sociedade estará experimentando prejuízo. A garantia (direta) dos credores está, evidentemente, no *conteúdo* do recipiente – os bens e direitos que a sociedade tiver em seu patrimônio (CC, art. 391, e CPC, art.591) – e não na sua capacidade já que ele pode estar vazio. Mas o fato de "haver" um recipiente funciona como garantia (pelo menos indireta) no sentido de que uma série de regras protetivas dos credores – isto é, as regras de vinculação patrimonial – medem a responsabilidade dos sócios justamente com base no seu tamanho.[5]

Em relação aos princípios que norteiam o regime legal do capital social, a doutrina costuma apontar essencialmente cinco deles: *(a)* a **unidade**; *(b)* a **fixidez**; *(c)* a **irrevogabilidade**; *(d)* a **realidade**; e *(e)* a **intangibilidade**. Nas palavras de Ana Frazão:

> Em relação ao capital social, vigora o chamado "**princípio da intangibilidade**", que veda a distribuição aos acionistas dos valores necessários para cobrir o capital social. [...] Ao lado princípio da intangibilidade do capital social, a doutrina fala, ainda, em outros quatro princípios:
>
> (i) **unidade** do capital, segundo o qual toda sociedade deve ter um único capital social, embora possa ter várias filiais;
>
> (ii) **fixidez** do capital, segundo o qual o capital social previsto no estatuto é fixo, só podendo ser alterado nas hipóteses previstas em lei e obedecido o procedimento nela descrito;
>
> (iii) **irrevogabilidade** das prestações, segundo o qual o capital social não pode ser devolvido aos sócios, total ou parcial-

[5] Adamek, Marcelo Vieira Von; França, Erasmo Valladão Azevedo e Novaes; ALVES, Giulia Ferrigno Poli Ide. Breves reflexões sobre o uso de criptoativos para integralização do capital social e os ulteriores desdobramentos societários. *In*: Pinto, Alexandre Evaristo; Eroles, Pedro; Mosquera, Roberto Quiroga (coord.). **Criptoativos: estudos regulatórios e tributários**. São Paulo: Quartier Latin, 2021. cap. XIV, p. 298-299. (grifo nosso).

> mente, antes de pagos todos os credores, mesmo na hipótese de liquidação;
>
> (iv) **realidade** do capital, segundo o qual deve haver efetiva correspondência entre o capital subscrito e os bens ou o dinheiro oferecido pelos sócios para a integralização das ações. **Noutras palavras, o capital não deve ser fictício; as entradas efetuadas pelos sócios devem corresponder, efetivamente, ao valor declarado.**[6]

No que tange a sua formação, o artigo 997, inciso III, do CC/02 estabelece que o capital social deverá ser "expresso em moeda corrente, **podendo compreender qualquer espécie de bens, suscetíveis de avaliação pecuniária**". Tal norma se aplica às sociedades simples e limitadas.

Com redação muito semelhante, a LSA determina em seu artigo 7º que o capital social das sociedades anônimas "poderá ser formado com contribuições em dinheiro **ou em qualquer espécie de bens suscetíveis de avaliação em dinheiro**".

A contribuição com prestação de serviços só é admitida nas sociedades simples, não sendo permitida a "contribuição em trabalho nas sociedades limitadas, nas sociedades anônimas e por parte dos sócios comanditários nas sociedades em comandita simples".[7]

Como adiantado alhures, será objeto do presente estudo apenas a formação do capital social por meio de bens e a viabilidade da integralização com criptoativos.

[6] FRAZÃO, Ana. Princípios do capital social. *In*: COELHO, Fábio Ulhoa (coord). **Lei das sociedades anônimas comentada**. Rio de Janeiro: Forense, 2021. cap. II. Disponível em: https://app.minhabiblioteca.com.br/#/books/9786559640683/. Acesso em: 28 jun. 2021. (livro digital não paginado). (grifo nosso)

[7] TOMAZETTE, Marlon. **Curso de direito empresarial**: teoria geral e direito societário. 11. ed. São Paulo: Saraiva Educação, 2020. v. 1. p. 237. Disponível em: https://app.minhabiblioteca.com.br/#/books/9788553616671/. Acesso em: 24 jun. 2021.

1.2. Formação do capital social com bens

Como visto acima, o capital social poderá ser formado por qualquer espécie de bens suscetíveis de avaliação em dinheiro. Isso vale para as sociedades simples, limitadas e anônimas. Mas qual seria a definição de bem?

Para César Fiuza[8] "bem é tudo aquilo que é **útil** às pessoas".

Para Caio Mario da Silva Pereira[9], bens jurídicos são aqueles que possuem natureza patrimonial, ou seja, tudo que é passível de apropriação.

No âmbito societário e com base nas ponderações alhures, Sergio Isidoro Eskenazi Pernidji[10] aponta que para fins de formação do capital de uma sociedade os bens patrimoniais "devem, obrigatoriamente, **estar integrados ao patrimônio de uma pessoa**, representar uma **riqueza (utilidade)** possível de ser avaliada, ser objeto de uma **situação jurídica** e, portanto, **transferíveis**."

De acordo com o autor só se permite que seja integralizado ao capital social um bem patrimonial, isto é, que possua apro-

[8] FIUZA, César. **Direito civil**: curso completo. Belo Horizonte: Del Rey, 2004, p. 171 citado por ZAMPIER, Bruno. **Bens digitais**: cybercultura, redes sociais, e-mails, músicas, livros, milhas aéreas, moedas virtuais. 2. ed. Indaiatuba: Editora Foco, 2021, *e-book*, p. 62. (paginação da versão eletrônica difere da versão impressa).

[9] PEREIRA, Caio Mario da Silva. **Instituições do direito civil**: volume I. 30. ed. rev. e atual. Rio de Janeiro: Forense, 2016, p. 330-331 citado por PERNIDJI, Sergio Isidoro Eskenazi. A formação do capital do capital das sociedades por ações com criptomoedas. *In*: CASTRO, Rodrigo Rocha Monteiro de; AZEVEDO, Luis André; HENRIQUES, Marcus de Freitas (coord.). **Direito societário, mercado de capitais, arbitragem e outros temas**: homenagem a Nelson Eizirik. v. 2. São Paulo: Quartier Latin, 2020. cap. LII, p. 336.

[10] PERNIDJI, Sergio Isidoro Eskenazi. A formação do capital do capital das sociedades por ações com criptomoedas. *In*: CASTRO, Rodrigo Rocha Monteiro de; AZEVEDO, Luis André; HENRIQUES, Marcus de Freitas (coord.). **Direito societário, mercado de capitais, arbitragem e outros temas**: homenagem a Nelson Eizirik. v. 2. São Paulo: Quartier Latin, 2020. cap. LII, p. 334-338. (grifo nosso)

priação e utilidade, pois tal exigência decorre do disposto no art. 117, alínea "h" da LSA, pelo qual a subscrição de ações com a realização de bens estranhos ao capital social é definida como abuso de poder do controlador.

Esse também é o entendimento de Modesto Carvalhosa para quem **não é possível a utilização de quaisquer bens para integralizar o capital social.**

Para o autor **somente os bens que tenham uma utilidade efetiva para a realização do objeto social é que poderão ser incorporados**, visto que a utilização de bens estranhos e inúteis ao objeto social pode representar uma maneira de burlar os credores e concorrentes da sociedade, o que seria expressamente vedado pelo artigo 117, §1º da LSA.[11]

Essa corrente, entretanto, não é unânime. É isso que aponta Ana Frazão:

> Admite-se, portanto, que, para a integralização das ações, os acionistas contribuam com bens móveis ou imóveis, corpóreos ou incorpóreos, mas o capital inicial será sempre expresso em pecúnia no estatuto social. Alguns autores sustentam que, na formação do capital social, somente os bens que possam ser utilizados na realização do objeto social, como fator produtivo, deverão ser admitidos na formação do capital social. É o que opina, por exemplo, Modesto Carvalhosa, segundo o qual, "a conferência de bens alheios ao objeto social deve ser considerada como forma de burla aos credores e aos concorrentes", atraindo a incidência do art. 117, § 1º, alínea "h".
>
> **Entretanto, o critério da utilidade dos bens deve ser visto de forma mais ampla. Significa dizer que, para serem conside-**

[11] CARVALHOSA, Modesto. Comentários à lei de sociedades anônimas. São Paulo: Saraiva, 1997, v. 1, p. 60 citado por TOMAZETTE, Marlon. **Curso de direito empresarial**: teoria geral e direito societário. 11. ed. São Paulo: Saraiva Educação, 2020. v. 1. p. 471. Disponível em: https://app.minhabiblioteca.com.br/#/books/9788553616671/. Acesso em: 24 jun. 2021.

> **rados úteis, os bens não precisam necessariamente integrar-se ao processo produtivo** [...] É, portanto, acertada a conclusão de Alfredo Lamy Filho no sentido de que "não há por que impedir a formação do capital social com qualquer bem cujo valor possa ser realizado em dinheiro mediante troca no mercado, ou ser fonte de rendimentos para a companhia", até porque a Lei contém uma série de garantias para assegurar a correta avaliação e a responsabilidade daqueles que integralizam o capital social com bens, de que são exemplos os arts. 8º e 10 da Lei nº 6.404/1976.[12]

Além da utilidade, há ainda a questão da **penhorabilidade**. Muitos autores apontam que o bem que será integralizado também deverá ser penhorável. Nesse sentido colhe-se da lição de André Luiz Santa Cruz Ramos:

> A doutrina costuma destacar que os bens cedidos à sociedade a título de integralização do capital social [...] **devem ser aptos à execução por eventuais credores sociais, de modo que não seria permitido integralizar quotas com bens impenhoráveis.**[13]

Ainda, outro ponto relevante para o presente estudo é sobre a observância do princípio da **realidade**, pois é obrigação do subscritor contribuir de forma efetiva, não podendo ser feita com bens fictícios ou supervalorizados.

[12] FRAZÃO, Ana. Integralização do capital social com bens. *In*: COELHO, Fábio Ulhoa (coord). **Lei das sociedades anônimas comentada**. Rio de Janeiro: Forense, 2021. cap. II. Disponível em: https://app.minhabiblioteca.com.br/#/books/9786559640683/. Acesso em: 28 jun. 2021. (livro digital não paginado). (grifo nosso)

[13] RAMOS, André Luiz Santa Cruz. **Direito empresarial**: volume único. 10. ed. Rio de Janeiro: Forense; São Paulo: MÉTODO, 2020. Disponível em: https://app.minhabiblioteca.com.br/#/books/9788530990343/. Acesso em: 24 jun. 2021. (livro digital não paginado). (grifo nosso)

Para José Edwaldo Tavares Borba, "esses bens, em face do princípio da realidade do capital, devem representar efetivamente os valores declarados".[14]

Salientado mesmo entendimento perfilha Alfredo Lamy Filho: "Se alguns dos subscritores contribuem com **bens fictícios ou supervalorizados**, o resultado prático é a diluição do valor dos direitos de participação dos acionistas que subscreveram ações em dinheiro".[15]

No mundo atual em que as pessoas estão cada vez mais inseridas em ambientes virtuais, muitas questões surgem e, para fins do presente estudo, é válida uma breve compreensão acerca dos denominados **bens digitais**.

Visto que ainda inexiste conceito legal no ordenamento brasileiro, Bruno Zampier[16], após detalhada análise sobre o tema, define **bens digitais** como "aqueles bens incorpóreos, os quais são progressivamente inseridos na Internet por um usuário, consistindo em informações de caráter pessoal que trazem alguma utilidade àquele, tenha ou não conteúdo econômico".

Segundo o autor muitos problemas relacionados à **titularidade** de bens digitais surgem, "razão pela qual os usuários não deveriam ignorar tais bens, pois eles integram o patrimônio de uma pessoa eis que também possuem valor econômico"[17].

[14] BORBA, José Edwaldo Tavares. **Direito societário**. 18. ed. rev. e atual. São Paulo: Atlas, 2021. Disponível em: https://app.minhabiblioteca.com.br/#/books/9788597026429/. Acesso em: 27 jun. 2021. (livro digital não paginado).

[15] LAMY FILHO, Alfredo. Capital social e ações. *In*: LAMY FILHO, Alfredo; PEDREIRA, José Luiz Bulhões (coord.). **Direito das companhias**. 2. ed. atual. e ref. Rio de Janeiro: Forense, 2017, p. 149-151. (grifo nosso)

[16] ZAMPIER, Bruno. **Bens digitais**: cybercultura, redes sociais, e-mails, músicas, livros, milhas aéreas, moedas virtuais. 2. ed. Indaiatuba: Editora Foco, 2021, *e-book*, p. 76-83. (paginação da versão eletrônica difere da versão impressa).

[17] ZAMPIER, Bruno. **Bens digitais**: cybercultura, redes sociais, e-mails, músicas, livros, milhas aéreas, moedas virtuais. 2. ed. Indaiatuba: Editora Foco, 2021, *e-book*, p. 76-83. (paginação da versão eletrônica difere da versão impressa)

Discorrendo sobre o tema, o autor ainda salienta que o patrimônio pode ser entendido como "a soma dos bens titularizados por uma pessoa, sejam eles corpóreos ou incorpóreos, tendo natureza real ou obrigacional, desde que tenham alguma economicidade" e que, "se possa extrair alguma utilidade"[18].

Em conclusão, o autor assevera que bens digitais patrimoniais só poderão ser assim considerados se efetivamente ficarem comprovadas a existência de dois requisitos: a utilidade e a titularidade[19].

Diante disso surge a seguinte indagação: poderiam os criptoativos serem considerados bens digitais de natureza patrimonial para então serem classificados como bens aptos a integralizar o capital social de uma empresa?

2. *Blockchain*, criptomoedas e criptoativos

2.1. *Blockchain* e criptomoedas

Em meados de 2009 foi publicado por Satoshi Nakamoto (cuja identidade até hoje permanece desconhecida) um documento de nove páginas denominado "*Bitcoin: A Peer-to-Peer Electronic Cash System*"[20] pelo qual foi apresentado ao mundo o Bitcoin, uma criptomoeda que poderia ser transacionada de forma segura e sem intermediários via *blockchain*.

Desde então surgiram incontáveis novas criptomoedas e descobriu-se muitas outras possíveis utilidades do *blockchain*, sendo que o seu verdadeiro alcance ainda é desconhecido.

[18] ZAMPIER, Bruno. **Bens digitais**: cybercultura, redes sociais, e-mails, músicas, livros, milhas aéreas, moedas virtuais. 2. ed. Indaiatuba: Editora Foco, 2021, *e-book*, p. 80-83. (paginação da versão eletrônica difere da versão impressa)

[19] ZAMPIER, Bruno. **Bens digitais**: cybercultura, redes sociais, e-mails, músicas, livros, milhas aéreas, moedas virtuais. 2. ed. Indaiatuba: Editora Foco, 2021, *e-book*, p. 101. (paginação da versão eletrônica difere da versão impressa)

[20] NAKAMOTO, Satoshi. **Bitcoin**: a peer-to-peer electronic cash system. 2009. Disponível em: https://bitcoin.org/bitcoin.pdf. Acesso em: 06 mar. 2021.

Dessa nova revolução tecnológica proporcionada pelo *blockchain* surgiram os criptoativos, categoria que engloba as criptomoedas.

Sobre o *blockchain*, Tarcísio Teixeira e Carlos Alexandre Rodrigues assim explanam:

> **Em síntese**, o Blockchain pode ser então conceituado como *um grande livro contábil, público e descentralizado, onde constam de forma imutável o registro o registro de todas as operações ocorridas na rede, previamente validadas (tidas por verídicas) pelos próprios usuários.* Outrossim, pode-se desde já deixar fixado igualmente que a tecnologia blockchain deve ser estudada considerando-a sempre como ***distribuída*** (não há uma base de dados central), ***pública*** (seus dados não estão sob a proteção de nenhuma instituição) e ***criptografada*** (seu funcionamento se dá com base em cálculos matemáticos que transformam uma mensagem em uma sequência de caracteres). [...]
>
> Muito além das operações financeiras que a popularizaram pelo Bitcoin, há espaço para a utilização da tecnologia blockchain valendo-se dos mesmos pressupostos aplicados para as criptomoedas público, informações distribuídas a nós sem a necessidade de uma autoridade central validadora (imutabilidade e inviolabilidade de informações registradas, utilização de criptografia avançada), para todo e qualquer modelo de negócio em que informações sejam importantes – ou seja, praticamente qualquer área. [...]
>
> Esta independência de uma autoridade central gera diferenças evidentes na forma como o direito deve analisar a tecnologia, quando vier a ser confrontado com questões hoje mais ou menos sedimentadas. Para citar apenas uma ilustração, podemos pensar que poderá vir a se tornar inviável, sob o ponto de vista jurídico, a responsabilização do titular do banco de dados, pois isto simplesmente deixa de existir: não há, na tecnologia blockchain,

um titular único do banco de dados, eis que todos os nós da rede possuem as mesmas cópias.[21]

Ao tratar da questão, Ricardo Alessandro Castagna assinala que a aplicação do *blockchain* vai muito além das criptomoedas:

> A descrição das características intrínsecas do Blockchain denuncia o gigantesco espectro potencial de sua aplicação, estendendo-se muito além das criptomoedas. Como afirmou Junior (2017), a primeira aplicação do Blockchain é a criptomoeda, mas ele não se retringe a isso – do mesmo modo que a escrita, base da comunicação moderna, não se limitou a ser usada como um livro de registros de débitos. [...]
>
> Parece haver poucas dúvidas a respeito das inúmeras vantagens trazidas pela tecnologia do Blockchain para negócios empresariais, contratos inteligentes e redes de relacionamentos. Diversos governos e inúmeros agentes econômicos já consideram a tecnologia como uma realidade e uma necessidade presente e futura, prometendo trazer disrupções significativas de controle, linguagem e comunicação. Trata-se de novo paradigma linguístico que exigirá, do ordenamento jurídico, instrumentos eficazes e adequados para sua captura e juridicização, atribuindo-lhe os efeitos pretendidos pela norma positivada, de acordo com as diretrizes da Constituição Federal.[22]

[21] TEIXEIRA, Tarcísio; RODRIGUES, Carlos Alexandre. **Blockchain e criptomoedas**: aspectos jurídicos. 2. ed. rev. e atual. Salvador: Editora JusPodivm, 2021, p. 25-35. (grifos nosso)

[22] CASTAGNA, Ricardo Alessandro. Blockchain e operações financeiras: impactos na tributação. *In*: LONGHI, Maria Isabel Carvalho Sica. *et al.* (coord.). **Direito e novas tecnologias**. São Paulo: Almedina, 2020, *e-book*, p. 645-665. (paginação da versão eletrônica difere da versão impressa).

De igual modo, Thamilla Talarico também destaca o potencial do *blockchain*:

> Na seara empresarial, a conta também é alta. Pense no preço de registro, arquivamento e consulta de documentos societários nas respectivas Juntas Comerciais. Se estrangeiros, então, os gastos com consularização, notarização e tradução juramentada são indecentes e muitas vezes impeditivos ou restritivos para *startups*, por exemplo.
>
> Considere, ainda, os registros de imóveis, que apesar de descentralizados geograficamente a partir da jurisdição do bem em questão, são mais um exemplo de monopólio que transforma a burocracia em negócio rentável. [...]
>
> Já vemos hoje, mundo afora, comissões de valores mobiliários, corretoras, instituições financeiras depositárias, agentes emissores de certificados, agentes fiduciários e demais intermediários pertencentes ao mercado de capitais, atentos ao potencial e às ameaças que o blockchain traz para o ramo.[23]

Nos últimos anos muitos questionamentos surgiram acerca do *blockchain* e dos criptoativos, seja do ponto de vista jurídico, financeiro ou regulatório.

Dentro desse oceano de indagações é recorrentemente debatida a melhor definição e classificação para os criptoativos.

2.2. Classificação e natureza jurídica

Não é incomum ao tratar de criptoativos ouvir as pessoas, inclusive os mais familiarizados, utilizarem equivocadamente os mais diferentes termos e expressões para se referirem a mesma coisa.

[23] TALARICO, Thamilla. Blockchain, Transparência e o Direito Societário. *In*: HANSZMANN, Felipe (org.). **Atualidades em Direito Societário e Mercado de Capitais**. v. 3. Rio de Janeiro: Lumen Juris, 2019, *e-book*, p. 501-525. (paginação da versão eletrônica difere da versão impressa).

Segundo Daniel Paiva Gomes, "não é raro nos depararmos com situações em que os termos moedas digitas, moedas virtuais, criptoativos, criptomoedas e tokens são equivocadamente equiparados ou utilizados de maneira fungível".[24]

Todavia, é de suma importância o emprego das terminologias corretas, não só para uma melhor compreensão do tema, mas notadamente para que se possa atribuir a correta classificação e natureza jurídica de cada um deles.

Não se pretende examinar e assimilar cada um deles – até porque ainda hoje não existe um consenso sobre suas definições e classificação –, mas para que se possa dimensionar a imensidão do universo dos criptoativos e compreender que se tratam de coisas distintas, é de suma importância visualizar cada um deles individualmente.

Ao tratar da questão, Daniel de Paiva Gomes e Eduardo Paiva Gomes[25] assinalam que "**o termo criptoativo é gênero que abrange atributos comuns aos ativos financeiros, moedas, commodities e ativos intangíveis**" e, segundo os autores, é por essa razão que **a expressão 'criptoativo' "é utilizado para se referir a ativos digitais, independentemente de serem ativos financeiros ou não**, que utilizem criptografia e tecnologias de registro distribuído (*distributed ledger technology*) como elementos ínsitos ao seu valor".

Nesse viés, parece ser adequada a conclusão alcançada por Daniel de Paiva Gomes após aprofundada análise da terminologia e classificação de cada uma das espécies:

[24] GOMES, Daniel de Paiva. **Bitcoin: a tributação de criptomoedas**: Da taxonomia camaleônica à tributação de criptoativos sem emissor identificado. São Paulo: Thomson Reuters Brasil, 2021, *e-book*, p. 35. (paginação da versão eletrônica difere da versão impressa).

[25] GOMES, Daniel Paiva; GOMES, Eduardo Paiva. Controvérsias tributárias envolvedo NFT's *(Non-Fungible Tokens)* e seu uso no setor artístico. *In*: PINTO, Alexandre Evaristo; EROLES, Pedro; MOSQUERA, Roberto Quiroga (coord.). **Criptoativos: estudos regulatórios e tributários**. São Paulo: Quartier Latin, 2021. cap. III, p. 64. (grifos nosso)

Nossa grande preocupação, ao elaborar o presente livro, foi desmitificar equívocos conceituais atinentes às expressões "**moedas digitais**", "**moedas eletrônicas**", "**moedas virtuais**" e "**criptomoedas**", demonstrando que tais termos não são intercambiáveis, o que viabiliza a apresentação da taxonomia que, a nosso ver, sistematiza da melhor forma os diversos tipos de **criptoativos existentes, segregando-os em duas grandes espécies:** (i) **os criptoativos sem emissor identificado**; e (ii) **os criptoativos com emissor identificado**. Nesse sentido, delineamos os seguintes conceitos:

(i) **Moeda digital**: meio de troca ou de pagamento em formato digital dotado de unidade de medida própria ou embasado em moeda fiduciária. Meio de troca, no sentido de abranger as "moedas virtuais", que, de moedas (em seu sentido jurídico-econômico), na realidade, não se tratam, sendo verdadeiros ativos virtuais não monetários utilizados como meios de troca (permuta) e dotados de unidade de medida própria. Meios de pagamento, pois contemplam as moedas eletrônicas, verdadeira moeda fiduciária em formato intangível;

(ii) **Moeda virtual**: ativos virtuais não monetários dotados de unidade de medida própria, descentralizados ou centralizados, que podem ou não possuir um emissor predeterminado, podendo ou não utilizar tecnologias criptográficas e sistemas de registro distribuído;

(iii) **Moeda eletrônica**: representação eletrônica/intangível das moedas fiduciárias. São um meio de pagamento equivalente à moeda fiduciária;

(iv) **Criptomoeda**: ativo virtual não monetário ("moeda virtual"), não financeiro, descentralizado, sem um emissor identificado, dotado de fluxo aberto, universal, criptografado e com fluxo de conversibilidade bidirecional, utilizado como meio de troca que faz as vezes de meio de pagamento;

(v) **CSB (criptoativos similares ao *Bitcoin*) também denominados pelo FMI como BLCA (*Bitcoin Like Crypto Assets*),**

mas que, a nosso ver, devem ser denominados como CSEI (criptoativos sem um emissor identificado): ativos virtuais criptografados não financeiros e não monetários, utilizados como meio de troca em uma rede *peer-to-peer* (descentralizada) e com base em tecnologias de registro distribuído, dotados de conversibilidade bidirecional e fluxo aberto, sem um emissor identificado, daí por que ausente o atributo da oponibilidade a terceiros;

(vi) ***Tokens* digitais ou criptoativos não similares ao *Bitcoin* (CNSB), mas que, a nosso ver, devem ser denominados como CCEI (criptoativos com um emissor identificado)**: ativos virtuais criptografados que representam um conjunto de direitos a ser utilizado em um contexto definido, dotados do atributo da oponibilidade a terceiros, daí por que existente um emissor predeterminado. São espécies de tokens digitais ou CCEI os *payment tokens*, os *utility tokens* e os *security tokens*;

(vii) ***Payment Tokens***: ativos virtuais não monetários criptografados, possuidores de unidade de medida própria, negociados via tecnologias de registro distribuído, mas que possuem um emissor predeterminado, predeterminado, utilizados como meio de troca fazendo "as vezes de uma moeda";

(viii) ***Utility tokens***: ativos virtuais não monetários criptografados, possuidores de unidade de medida própria, com a existência de um emissor predeterminado, utilizados para viabilizar o acesso (de forma pré-paga) a bens e serviços (v.g.: *voucher* trocável por bem ou serviço) por meio de aplicações embasadas em tecnologias de registro distribuído.

(ix) ***Security tokens***: ativos financeiros virtuais criptografados. São ativos negociados no âmbito de aplicações embasadas em tecnologias de registro distribuído e utilizados para fins de investimento, aproximando-se da noção de ativo financeiro e similares aos valores mobiliários. Os *security tokens* podem possuir caráter patrimonial (*equity*) ou de dívida (*debt*) e são emitidos por um ente predeterminado em face do qual é oponível o direito ao recebimento de juros ou dividendos.[26]

De acordo com Daniel de Paiva Gomes[27], **"tal como ocorre com o ouro, os criptoativos são ativos digitais de natureza camaleônica, variando sua qualificação de acordo com a utilização de tais ativos e seu conteúdo econômico"**.

Para o autor, "os criptoativos guardam características de moedas, valores mobiliários, títulos de crédito, meio de pagamento, commodities, vouchers de acesso a bens e serviços, mas, ao mesmo tempo, não se confundem com tais ativos. São tudo e nada ao mesmo tempo"

Ao tratar desse tema, o autor aduz que:

> **Não há na legislação brasileira, orientações assertivas quanto à natureza jurídica dos criptoativos, tokens ou ativos digitais**. Esta circunstância, por si só, é suficiente para que seja gerado um "sem número" de debates relativos à qualificação do indigitado ativo.
>
> Essa busca, a nosso ver, deve ser feita de forma cautelosa, ou seja, levando em consideração o fato de que existem diversos tipos

[26] GOMES, Daniel de Paiva. **Bitcoin: a tributação de criptomoedas**: Da taxonomia camaleônica à tributação de criptoativos sem emissor identificado. São Paulo: Thomson Reuters Brasil, 2021, *e-book*, p. 361. (paginação da versão eletrônica difere da versão impressa). (grifos nosso)

[27] GOMES, Daniel Paiva. Aspectos Jurídico-Regulatórios e Econômicos: 10. A natureza jurídica camaleônica dos criptoativos e dos tokens: da substância material à praticabilidade ficcional. *In*: GOMES, Daniel Paiva; GOMES, Eduardo Paiva; CONRADO, Paulo Cesar. (coord.). **Criptoativos, Tokenização, Blockchain e Metaverso**: aspectos filosóficos, tecnológicos, jurídicos e econômicos. 1. ed. São Paulo: Thomson Reuters Brasil, 2022, *e-book*, cap. X, p. RB-10-4. Disponível em: https://proview.thomsonreuters.com/launchapp/title/rt/monografias/297342995/v1/page/RB-10.4. Acesso em 15 fev. 2023. (paginação da versão eletrônica difere da versão impressa). (grifo nosso)

> de criptoativos, consoante demonstrado anteriormente, neste mesmo livro.
>
> Não há, portanto, uma única qualificação jurídica a ser outorgada à classe dos criptoativos, que se comportam como envelopes ou contêineres de direitos. Ao invés disso, há várias "naturezas jurídicas", a depender do conteúdo material do respectivo ativo digital, que, como visto, poderá ser um criptoativo (ativos nativos de uma determinada Blockchain) ou um token (ativos digitais criados em um Blockchain preexistente, por exemplo, os tokens ERC-20).
>
> Nesse contexto, para os propósitos deste artigo: (i) criptoativos são bits de código ou algoritmos que representam informações criptografadas e que se traduzem em ativos nativos e descentralizado de uma tecnologia de registro distribuído; (ii) tokens, por sua vez, também são bits de código ou algoritmos, mas não são os ativos nativos de uma determinada Blockchain, podendo se relacionar a informações ou ativos on-chain e off-chain para exercer um direito em relação a um determinado ativo.[28]

Fica claro que muito além da nomenclatura cada um deles possui características próprias e isso é essencial para mensurar e delinear o real impacto para as relações jurídicas.

As novas questões relacionadas aos criptoativos que surgem são extremamente complexas e não há como explorá-las de forma superficial, motivo pelo qual não serão abordados os aspectos regulatórios ao redor do mundo.

[28] Gomes, Daniel Paiva. Aspectos Jurídico-Regulatórios e Econômicos: 10. A natureza jurídica camaleônica dos criptoativos e dos tokens: da substância material à praticabilidade ficcional. *In*: Gomes, Daniel Paiva; Gomes, Eduardo Paiva; Conrado, Paulo Cesar. (coord.). **Criptoativos, Tokenização, Blockchain e Metaverso**: aspectos filosóficos, tecnológicos, jurídicos e econômicos. 1. ed. São Paulo: Thomson Reuters Brasil, 2022, *e-book*, cap. X, p. RB-10-1. Disponível em: https://proview.thomsonreuters.com/launchapp/title/rt/monografias/297342995/v1/page/RB-10.1. Acesso em 15 fev. 2023. (paginação da versão eletrônica difere da versão impressa). (grifo nosso)

No cenário nacional alguns órgãos e entidades já se pronunciaram sobre essas questões, tais como o Banco Central do Brasil ("BACEN"), a Comissão de Valores Mobiliários ("CVM") e a Receita Federal do Brasil ("RFB").

Acerca do posicionamento institucional brasileiro, Daniel Paiva Gomes traz, de forma muito bem resumida, as manifestações até então existentes desses órgãos e entidades:

> De acordo com o **Banco Central do Brasil (BCB), criptoativos (como bitcoins) não são moedas fiduciárias**. Além disso, referidos ativos digitais não são considerados equivalentes a moedas eletrônicas, tendo em vista que criptoativos possuem "forma própria de denominação, ou seja, são denominadas em unidade de conta distinta das moedas emitidas por governos soberanos", consoante previsto no Comunicado nº 25.306/2014.
>
> No mesmo sentido, **o BCB editou o Comunicado nº 31.379/2017**, reconhecendo que a "**denominada moeda virtual não se confunde com a definição de moeda eletrônica** de que trata a Lei nº 12.865, de 9 de outubro de 2013 (...) Moeda eletrônica, portanto, é um modo de expressão de créditos denominados em reais. Por sua vez, as chamadas moedas virtuais não são referenciadas em reais ou em outras moedas estabelecidas por governos soberanos".
>
> Ainda, de acordo com o BCB, desta vez, em seu Guia de Perguntas e Respostas (FAQ – *Frequently asked questions*), restou afirmado que as "chamadas 'moedas virtuais' ou 'moedas criptográficas' são representações digitais de valor, o qual decorre da confiança depositada nas suas regras de funcionamento e na cadeia de participantes. Não são emitidas por Banco Central, de forma que não se confundem com o padrão monetário do Real, de curso forçado, ou com o padrão de qualquer outra autoridade monetária. Além disso, não se confundem com a moeda eletrônica prevista na legislação, que se caracteriza como recursos em Reais mantidos em meio eletrônico, em bancos e outras

instituições, que permitem ao usuário realizar pagamentos e transferências".

Em agosto de 2019, o BCB publicou relatório denominado "Estatísticas do Setor Externo", em que decidiu adotar a orientação do Fundo Monetário Internacional (FMI) sobre criptoativos exarado no relatório *Treatment of Crypto Assets in Macroeconomic Statistics*.

Em linha com as premissas do FMI, o BCB manifestou entendimento de que criptoativos "especificamente aqueles para os quais não há emissor", são "ativos não financeiros".

De acordo com o **Fundo Monetário Internacional (FMI), com exceção dos *security tokens*, os criptoativos são ativos não financeiros que "podem ser utilizados em atividades econômicas e servem como meio de reserva de valor"**. Considerando que os criptoativos "não são oponíveis a terceiros, não são emitidos ou autorizados por um banco central, um governo ou qualquer outra unidade institucional", **não há dúvidas de que tal ativo digital seja um ativo não financeiro.**

Considerando que, à exceção dos *security tokens*, as criptomoedas (tokens de pagamento) e os tokens de utilidade não conferem ao seu titular um direito contratual perante qualquer pessoa, não seria possível concluir que tais espécies de ativo digital sejam equiparáveis aos ativos financeiros.

Sob a perspectiva da **Comissão de Valores Mobiliários (CVM)**, por meio do **Ofício Circular nº 1/2018/CVM/SIN, editado em 12/01/2018**, foi consignado, expressamente, que, via de regra, **"as criptomoedas não podem ser qualificadas como ativos financeiros, para os efeitos do disposto no artigo 2º, V, da Instrução CVM nº 555/14, e por essa razão, sua aquisição direta pelos fundos de investimento ali regulados não é permitida"**.

Salta aos olhos, portanto, o fato de que os criptoativos podem ou não ser qualificados como ativos financeiros a depender de situações específicas e em razão de particularidades de cada caso.

> Tanto isso é verdade que, a despeito de reconhecer que criptomoedas (à semelhança do Bitcoin) não são ativos financeiros submetidos à sua supervisão, **a CVM admite que, a depender de determinadas características, um "ativo virtual" pode sim ser qualificado como valor mobiliário.** E, nessa hipótese tal "ativo virtual" deverá observar as exigências regulatórias para sua emissão e comercialização.
>
> No âmbito tributário, a **Receita Federal do Brasil (RFB)**, até o ano passado, no Guia de Perguntas e Respostas do Imposto de Renda da Pessoa Física, afirmava que criptoativos eram equivalentes, para fins fiscais, aos ativos financeiros.
>
> A partir da edição 2022/2021 do referido Guia, todavia, a **RFB, de forma acertada, passou a afirmar que criptoativos são ativos sujeitos à apuração de ganho de capital, limitando a equiparação aos ativos financeiros apenas às *stablecoins***[29].

Como se nota, embora alguns órgãos e entidades já houvessem se manifestado acerca da temática, o fato é que, até então, inexistia no ordenamento jurídico nacional qualquer legislação que tratasse sobre criptoativos, *tokens* ou ativos digitais.

2.3. Lei Federal nº 14.478/2022: o Marco Legal dos Criptoativos

Recentemente, em 22 de dezembro de 2022, foi sancionado e publicado no Diário Oficial da União a **Lei Federal nº 14.478**

[29] Gomes, Daniel Paiva. Aspectos Jurídico-Regulatórios e Econômicos: 10. A natureza jurídica camaleônica dos criptoativos e dos tokens: da substância material à praticabilidade ficcional. *In*: Gomes, Daniel Paiva; Gomes, Eduardo Paiva; Conrado, Paulo Cesar. (coord.). **Criptoativos, Tokenização, Blockchain e Metaverso**: aspectos filosóficos, tecnológicos, jurídicos e econômicos. 1. ed. São Paulo: Thomson Reuters Brasil, 2022, *e-book*, cap. X, p. RB-10-2. Disponível em: https://proview.thomsonreuters.com/launchapp/title/rt/monografias/297342995/v1/page/RB-10.2. Acesso em 15 fev. 2023. (paginação da versão eletrônica difere da versão impressa). (grifo nosso)

de 21 de dezembro de 2022, cuja vigência iniciará em 20 de junho de 2023.

Embora essa Lei tenha ficado conhecida como o "**Marco Legal dos Criptoativos**", pelo texto legal é possível observar o legislador optou por adotar apenas o termo "**ativo virtual**", deixando de lado outros termos, tais como "criptomoedas", "criptoativos" ou "*tokens*".

De acordo com sua ementa, a Lei traz as diretrizes que deverão ser observadas na prestação de serviços de ativos virtuais e na regulamentação das prestadoras de serviços de ativos virtuais", além de alterar a redação de outras normas legais.

Eis a redação do Lei Federal nº 14.478/2022:

> Art. 1º. Esta Lei dispõe sobre **diretrizes a serem observadas na prestação de serviços de ativos virtuais e na regulamentação das prestadoras de serviços de ativos virtuais**.
>
> Parágrafo único. O disposto nesta Lei não se aplica aos ativos representativos de valores mobiliários sujeitos ao regime da Lei nº 6.385, de 7 de dezembro de 1976, e não altera nenhuma competência da Comissão de Valores Mobiliários.
>
> Art. 2º. As prestadoras de serviços de ativos virtuais somente poderão funcionar no País mediante prévia autorização de órgão ou entidade da Administração Pública federal.
>
> Parágrafo único. Ato do órgão ou da entidade da Administração Pública federal a que se refere o caput estabelecerá as hipóteses e os parâmetros em que a autorização de que trata o caput deste artigo poderá ser concedida mediante procedimento simplificado.
>
> Art. 3º. Para os efeitos desta Lei, **considera-se ativo virtual** a representação digital de valor que pode ser negociada ou transferida por meios eletrônicos e utilizada para realização de pagamentos ou com propósito de investimento, **não incluídos**:
>
> I – moeda nacional e moedas estrangeiras;

II – moeda eletrônica, nos termos da Lei nº 12.865, de 9 de outubro de 2013;

III – instrumentos que provejam ao seu titular acesso a produtos ou serviços especificados ou a benefício proveniente desses produtos ou serviços, a exemplo de pontos e recompensas de programas de fidelidade; e

IV – representações de ativos cuja emissão, escrituração, negociação ou liquidação esteja prevista em lei ou regulamento, a exemplo de valores mobiliários e de ativos financeiros.

Parágrafo único. **Competirá a órgão ou entidade da Administração Pública federal definido em ato do Poder Executivo estabelecer quais serão os ativos financeiros regulados, para fins desta Lei.**

Art. 4º. A prestação de serviço de ativos virtuais deve observar as seguintes diretrizes, segundo parâmetros a serem estabelecidos pelo órgão ou pela entidade da Administração Pública federal definido em ato do Poder Executivo:

I – livre iniciativa e livre concorrência;

II – boas práticas de governança, transparência nas operações e abordagem baseada em riscos;

III – segurança da informação e proteção de dados pessoais;

IV – proteção e defesa de consumidores e usuários;

V – proteção à poupança popular;

VI – solidez e eficiência das operações; e

VII – prevenção à lavagem de dinheiro e ao financiamento do terrorismo e da proliferação de armas de destruição em massa, em alinhamento com os padrões internacionais.

Art. 5º. **Considera-se prestadora de serviços de ativos virtuais** a pessoa jurídica que executa, em nome de terceiros, pelo menos um dos serviços de ativos virtuais, entendidos como:

I – troca entre ativos virtuais e moeda nacional ou moeda estrangeira;

II – troca entre um ou mais ativos virtuais;

III – transferência de ativos virtuais;

> IV – custódia ou administração de ativos virtuais ou de instrumentos que possibilitem controle sobre ativos virtuais; ou
>
> V – participação em serviços financeiros e prestação de serviços relacionados à oferta por um emissor ou venda de ativos virtuais.
>
> Parágrafo único. O órgão ou a entidade da Administração Pública federal indicado em ato do Poder Executivo poderá autorizar a realização de outros serviços que estejam, direta ou indiretamente, relacionados à atividade da prestadora de serviços de ativos virtuais de que trata o caput deste artigo. [...][30]

No seu art. 3º a supracitada Lei estabelece que se considerará "**ativo virtual**" "**a representação digital de valor que pode ser negociada ou transferida por meios eletrônicos e utilizada para realização de pagamentos ou com propósito de investimento**".

Contudo, o legislador elencou, nos incisos I ao IV do próprio art. 3º, um rol taxativo de ativos e/ou representações que, para fins da Lei Federal nº 14.478/2022, não devem ser considerados "ativos virtuais".

De todo modo, o parágrafo único do art. 3º prevê que caberá ao "órgão ou entidade da Administração Pública federal definido em ato do Poder Executivo estabelecer quais serão os ativos financeiros regulados, para fins desta Lei".

[30] BRASIL. Lei nº 14.478, de 21 de dezembro de 2022. Dispõe sobre diretrizes a serem observadas na prestação de serviços de ativos virtuais e na regulamentação das prestadoras de serviços de ativos virtuais; altera o Decreto-Lei nº 2.848, de 7 de dezembro de 1940 (Código Penal), para prever o crime de fraude com a utilização de ativos virtuais, valores mobiliários ou ativos financeiros; e altera a Lei nº 7.492, de 16 de junho de 1986, que define crimes contra o sistema financeiro nacional, e a Lei nº 9.613, de 3 de março de 1998, que dispõe sobre lavagem de dinheiro, para incluir as prestadoras de serviços de ativos virtuais no rol de suas disposições. **Palácio do Planalto da Presidência da República**, Brasília, DF, 22 dez. 2022. Disponível em: https://www.planalto.gov.br/ccivil_03/_Ato2019-2022/2022/Lei/L14478.htm. Acesso em: 14 fev. 2023. (grifos nosso)

Diante disso, nota-se que o legislador deixou a cargo dos competentes aos órgãos e entidades a responsabilidade para definirem quais serão os ativos virtuais que devem ser regulados pela Lei Federal nº 14.478/2022.

Nesse ínterim, no dia 14 de fevereiro de 2023 o site Cointelegraph Brasil noticiou que **o Ministério da Fazenda, em conjunto com o BACEN e a CVM, estariam preparando um Decreto sobre Lei Federal nº 14.478/2022 no intuito de definir quem será o regulador responsável pelo mercado de criptoativos e quais serão suas competências.**

Segundo apuração do Cointelegraph Brasil, tanto o BACEN quanto a CVM deverão ser agir como reguladores do mercado de criptoativos:

> O BC deve ficar responsável pelos agentes financeiros do mercado, como exchanges, carteiras, plataformas de empréstimo cripto, entre outros. Já a CVM deve ser responsável pelos emissores de cripatoativos, sejam eles empresas ou 'entidades descentralizadas'.
>
> Além disso, a CVM também será responsável por *exchanges cripto* quando produtos ou serviços destas empresas envolverem emissão de tokens/criptomoedas, negociações de derivativos, ICOs, oferta incial de *exchanges* e até produtos no estilo "Lauchpad".
>
> O Ministério da Fazenda não informou quando o documento será publicado, contudo, isso deve ocorrer antes de junho, quando vence o prazo estipulado na Lei nº 14.478. Além disso, alguns aspectos do Marco Legal devem sofrer mudanças no próximo decreto sendo publicado.
>
> Questionada sobre estas possíveis mudanças, a Casa Civil, responsável pela presidência da república, declarou que "ainda não há detalhamento das ações quanto a este assunto".[31]

[31] GUSSON, Cassio. Exclusivo: Ministério da Fazenda, Banco Central e CVM preparam decreto sobre criptomoedas. **Cointelegraph Brasil**, 14 fev. 2023.

Assim sendo, muito embora já tenha sido sancionado e publicado o Marco Legal dos Criptoativos – o que já representa um enorme avanço –, é fato que, até o presente momento, ainda não existem no Brasil normas infralegais que regulamentem o mercado dos criptoativos e outras questões correlatas, tais como a possibilidade de se utilizar criptoativos para integralizar o capital de uma sociedade, cuja única manifestação de um órgão da Administração Pública federal foi feita pelo Departamento Nacional de Registro Empresarial e Integração ("DREI") por meio do Ofício Circular SEI nº 4081/2020/ME de 1º de dezembro de 2020.

2.4. Ofício Circular SEI 4081/2020/ME, de 01/12/2020, do departamento nacional de registro empresarial e integração – DREI

Em 2020 o DREI recebeu uma consulta realizada pela Junta Comercial do Estado de São Paulo ("JUCESP") sobre a "possibilidade de utilização de criptomoedas (ou moedas digitais/virtuais) como meio de pagamento em operações societárias e integralização do capital de sociedades".

Nessa consulta a JUCESP fez três questionamentos:

> I – **Qual seria a natureza jurídica das criptomoedas:** (i) uma moeda, (ii) um valor mobiliário, (iii) um bem incorpóreo, este com ou sem valor econômico?
>
> II – **Haveria vedação legal para integralização** de capital com criptomoedas?
>
> III – **Quais as formalidades que as Juntas Comerciais devem observar**, para fins de operacionalizar o registro dos atos societários que eventualmente envolverem o uso de criptomoedas?

Disponível em: https://cointelegraph.com.br/news/exclusive-ministry-of-economy-central-bank-and-cvm-prepare-decree-on-cryptocurrencies. Acesso em: 16 fev. 2023.

Ao responder essa consulta o DREI emitiu o Ofício Circular SEI nº 4081/2020/ME[32] no dia 1º de dezembro de 2020 pelo qual se manifestou **favorável** à integralização do capital social por meio de criptomoedas.

Referente à **natureza jurídica** das criptomoedas o DREI não chegou a nenhuma conclusão, limitando-se apenas a indicar as manifestações anteriores exaradas pelos outros órgãos reguladores e fiscalizadores: segundo o **BACEN** "moedas virtuais" não podem ser confundidas com "moeda eletrônica", esta última prevista na Lei n. 12.865/2013; para a **CVM** os "ativos virtuais" poderão ser considerados valores mobiliários, mas isso dependerá dos direitos concedidos aos investidores e a circunstância econômica da sua emissão; por fim cita a **RFB**, para quem criptomoedas são um "ativo financeiro" que deve ser declarado no imposto de renda como "outros bens e direitos" e, de igual modo, ao informar o tratamento dado pela RFB às criptomoedas, cita a IN n. 1888/2019 que conceituou "criptoativo".

No que tange ao segundo questionamento, o DREI apontou que **inexiste vedação legal expressa** para integralização do capital social com criptomoedas, notadamente pela interpretação do disposto no art. 997, inciso III, do CC/02 e no art. 7º da LSA. Também destacou a Lei nº 13.874/19 que preza pela autonomia das partes privadas no âmbito empresarial.

Por fim, para responder o terceiro questionamento, o DREI apontou que **não existem formalidades especiais** e que devem ser observadas pelas Juntas Comerciais as mesmas formalidades atinentes à integralização de capital com bens móveis, conforme o tipo societário.

[32] BRASIL. Ministério da Economia. Departamento Nacional de Registro Empresarial e Integração. **Ofício circular SEI nº 4081/2020/ME**. Brasília, DF, 01 dez. 2020. Disponível em: https://www.gov.br/economia/pt-br/assuntos/drei/legislacao/arquivos/OfcioCircular4081criptomoedas.pdf. Acesso em: 08 maio. 2021.

Ocorre que, como será demonstrado a seguir, esse Ofício Circular do DREI não só não trouxe a segurança esperada como também levantou uma série de novos questionamentos.

Isso porque o DREI não se aprofundou muito na questão, o que é compreensível, visto que ainda hoje muitos debates conceituais são travados à nível mundial e mesmo entre os estudiosos do tema possuem opiniões distintas.

Também se percebe que o DREI utilizou, no transcorrer desse Ofício Circular, diversos termos distintos ("criptomoedas", "criptoativos", "moedas digitais", "moedas virtuais" e "ativos virtuais") empregando alguns deles como se tivessem o mesmo significado, o que raramente acontece.

Isso, no entanto, não gera um problema apenas conceitual.

Para se ter uma ideia do quão essencial é definir e identificar com precisão o conceito, as características e funções de cada criptoativo, a CVM já se manifestou, em algumas oportunidades, que é imprescindível analisar cada caso de forma isolada, pois dependendo da natureza e da classificação do criptoativo ele poderá ou não ser considerado um valor mobiliário, o que, por conseguinte, atrairá ou não a competência da autarquia.[33]

Além disso, vislumbra-se extremamente superficial a mera análise da letra da lei para a verificação de algum óbice legal para a integralização do capital social com criptoativos.

Ora, se a redação das disposições do CC/02 e da LSA são de 2002 e 1976, ou seja, muitos anos antes de nascer a primeira criptomoeda – o Bitcoin – é presumível então que não haveria uma proibição legal citando expressamente esse tipo de ativo.

Contudo, diante da recente publicação do Marco Legal dos Criptoativos (a Lei Federal nº 14.478/2022) e da iminência da publicação de um Decreto que está sendo elaborado pelo Minis-

[33] TEIXEIRA, Tarcísio; RODRIGUES, Carlos Alexandre. **Blockchain e criptomoedas**: aspectos jurídicos. 2. ed. rev. e atual. Salvador: Editora JusPodivm, 2021, p. 114-116.

tério da Fazenda em conjunto com o BACEN e a CVM, é possível que sobrevenha uma regulamentação que verse acerca da possibilidade (ou impossibilidade) de se utilizar criptoativos para integralizar o capital de uma sociedade.

3. Dos problemas da utilização de criptoativos para integralizar o capital social

Atualmente, parece-nos que os criptoativos se encontram numa zona cinzenta e indefinida, pelo menos em relação ao direito societário e, especificamente, à integralização do capital social. Eles estão em um verdadeiro limbo jurídico.

Sob o aspecto societário, embora o CC/02 e LSA não proíbam expressamente a utilização de criptoativos – o que é lógico, pois os dispositivos aplicáveis são todos anteriores ao surgimento dos criptoativos – e enquanto não houver uma regulamentação específica sobre essa questão, cumpre observar que os criptoativos também não poderiam ser classificados como "moedas" ou como "bens" para fins de integralização do capital social, visto que, conforme será demonstrado a seguir, os criptoativos não cumprem – ao menos não de maneira absoluta e inequívoca – os vigentes requisitos legais e principiológicos necessários para serem integralizados ao capital de uma sociedade.

3.1. Criptomoeda não é moeda

Antes de abordar a viabilidade de formação do capital social com criptoativos como espécie de bens, cumpre salientar que criptoativos não podem ser consideradas como "contribuição em moeda" (art. 997, inciso III, do CC/02) ou como "contribuição em dinheiro" (art. 7º da LSA), ainda que sejam criptomoedas (uma das espécies de criptoativos).

Isso porque, por não possuírem curso forçado e por não terem sido emitidas por autoridade responsável, as criptomoedas não podem ser consideradas "dinheiro".

Como aponta David Casz Schechtman[34], "embora não haja consenso sobre sua definição exata, criptomoeda pode ser entendida como um bem digital que funciona como meio de troca e utiliza alguma forma de criptografia para autenticar e controlar suas transações". Ainda, segundo autor, **"apesar de seu nome, criptomoedas não são moedas fiduciárias** (*fiat money*), ou seja, não são endossadas por nenhum sistema jurídico."

Ao tratar do tema, Erasmo Valladão Azevedo e Novaes França, Marcelo Vieira von Adamek e Giulia Ferrigno Poli Ide Alves assinalam o seguinte:

> Em *primeiro lugar*, quando se refere a contribuições em "dinheiro" (LSA, art. 7°, 1ª parte), quer-se dizer, necessariamente, que a contribuição deve ser feita na moeda que conta com as garantias *jurídicas* de liquidez e confiabilidade que justificam as facilidades para seu uso na constituição de capital, isto é, na moeda oficial de curso forçado em território nacional, emitida e controlada por autoridades públicas (CF, art. 21, VII e 164) – no Brasil, o *real*. **Afinal, o capital social deve ser expresso na moeda nacional (LSA, art. 5°; e CC, art. 997, III) e, por isso mesmo, a quota de cada sócio, que determina o valor de sua contribuição, também se baseia na moeda nacional.**
>
> **As criptomoedas não podem ser consideradas "dinheiro" em sentido técnico-jurídico**, e isso por duas razões: primeiro, **pela falta de curso forçado**; segundo, **pela falta de autoridade responsável pela emissão – sua credibilidade não é assegurada por órgãos estatais, mas sim pelos próprios usuários.** Trata-se, conforme já dito, de mera unidade computacional criptografada,

[34] SCHECHTMAN, David Casz. Necessidade de Registro de ICO: Criptomoedas São Valores Mobiliários? *In*: HANSZMANN, Felipe (org.). **Atualidades em Direito Societário e Mercado de Capitais**. v. 3. Rio de Janeiro: Lumen Juris, 2019, *e-book*, p. 152. (paginação da versão eletrônica difere da versão impressa).

que é gerenciada e armazenada cm uma rede aberta, descentralizada, acessível a todos os usuários. Por mais que se possa discutir a respeito da sua qualificação *econômica* como "moeda", **está claro que as criptomoedas não se enquadram no atual conceito *jurídico* de "dinheiro" (e nem mesmo "moeda eletrônica" nos termos da Lei nº 12.865/2013, conceito que também pressupõe a existência de uma autoridade central capaz de verificar as transações).**[35]

De igual modo, Sergio Isidoro Eskenazi Pernidji aduz que "apesar da criptomoeda possuir algumas características similares à moeda, especialmente a eletrônica por força de sua forma de transmissão e uso", segundo o autor isso não é o suficiente para poder confundir **criptomoeda e moeda**, "pois ausentes os principais fundamentos reconhecidos pela ordem jurídica para a sua emissão, circulação e obrigatoriedade de aceitação. E, resumidamente falando, ela não é reconhecida como moeda pela lei".[36] Nas palavras do autor:

> Atualmente, podem ser identificados no Brasil três tipos distintos de moedas reconhecidas por lei, cuja existência, registro, manutenção e circulação, são regulados:
>
> (i) a moeda sob a forma de moeda metálica ou sob a forma de cédulas de papel, referida comumente como **Papel Moeda**;

[35] ADAMEK, Marcelo Vieira Von; FRANÇA, Erasmo Valladão Azevedo e Novaes; ALVES, Giulia Ferrigno Poli Ide. Breves reflexões sobre o uso de criptoativos para integralização do capital social e os ulteriores desdobramentos societários. *In*: PINTO, Alexandre Evaristo; EROLES, Pedro; MOSQUERA, Roberto Quiroga (coord.). **Criptoativos: estudos regulatórios e tributários**. São Paulo: Quartier Latin, 2021. cap. XIV, p. 304-305. (grifos nosso)

[36] PERNIDJI, Sergio Isidoro Eskenazi. A formação do capital do capital das sociedades por ações com criptomoedas. *In*: CASTRO, Rodrigo Rocha Monteiro de; AZEVEDO, Luis André; HENRIQUES, Marcus de Freitas (coord.). **Direito societário, mercado de capitais, arbitragem e outros temas**: homenagem a Nelson Eizirik. v. 2. São Paulo: Quartier Latin, 2020. cap. LII, p. 349.

> (ii) a **moeda escritural ou bancária** representada pelos depósitos à vista mantidos junto a instituições bancárias; e
>
> (iii) a **moeda eletrônica** definida pela Lei n. 12.865, de 9 de outubro de 2013, como recursos armazenados em dispositivos ou sistemas eletrônicos que permitem ao usuário final efetuar transação de pagamento. [...]
>
> Embora a moeda escritural e eletrônica (em especial esta última) possam ser transferidas de forma semelhante a uma criptomoeda, a ela não se equiparam, fundamentalmente por serem reconhecidas pela lei como moedas de curso forçado. Na verdade, tanto a moeda sob a forma de **papel**, a **moeda escritural**, ou ainda a **moeda eletrônica** são, **sob o ponto de vista legal, a mesma coisa**, diferenciando-se em decorrência da forma da sua guarda, registro, controle e circulação. [...]
>
> **Em nenhum desses aspectos a criptomoeda serve de espelho à moeda, ainda que de representação digital, uma vez que a criptomoeda não é reconhecida como moeda, como unidade de valor, muito menos tem a capacidade de extinguir obrigações perante o Estado ou terceiros**. [...].[37]

Portanto, por não poderem ser consideradas moeda e pelo fato de que os bens suscetíveis para a integralização do capital de uma sociedade precisam ser passíveis de avaliação com base em moeda nacional, é possível constatar que as criptomoedas – e até mesmo os criptoativos – não poderiam ser considerados bens para fins de integralização do capital social.

[37] PERNIDJI, Sergio Isidoro Eskenazi. A formação do capital do capital das sociedades por ações com criptomoedas. *In*: CASTRO, Rodrigo Rocha Monteiro de; AZEVEDO, Luis André; HENRIQUES, Marcus de Freitas (coord.). **Direito societário, mercado de capitais, arbitragem e outros temas**: homenagem a Nelson Eizirik. v. 2. São Paulo: Quartier Latin, 2020. cap. LII, p. 347-348. (grifos nosso)

3.2. A realidade do capital social vs. a volatilidade dos criptoativos

Conforme exposto no primeiro capítulo, um dos princípios do capital social é o da **realidade**, segundo o qual o valor estipulado no contrato ou no estatuto social deve corresponder exatamente ao valor do bem que será transferido à sociedade como contribuição do subscritor.

Sobre os bens a serem integralizados José Edwaldo Tavares Borba[38] aduz que "em face do **princípio da realidade do capital, devem representar efetivamente os valores declarados**".

Igualmente Ana Frazão[39] afirma ser "necessário instituir mecanismos para **evitar que alguns subscritores contribuam com bens fictícios ou supervalorizados**, o que levaria à diluição daqueles que contribuíram para a formação do capital social em dinheiro"

Aqui vemos outro problema para a integralização com criptoativos, pois eles são extremamente voláteis.

Essa alta volatilidade dos criptoativos vai de encontro à primazia da realidade do capital social. A oscilação é tamanha que não é incomum se deparar com variações diárias em patamares extremamente elevados, a depender do criptoativo.

Além de ser quase impossível garantir que ele corresponderá à exata cifra contábil do valor declarado pelo subscritor, também será muito difícil para os peritos – por mais especializados que sejam – realizar a avaliação desses criptoativos, conforme determina a lei vigente, até porque ainda não há exatamente parâmetros contábeis definidos e consensualmente aceitos no mundo.

[38] BORBA, José Edwaldo Tavares. **Direito societário**, 2021, (livro digital não paginado). (grifo nosso)

[39] FRAZÃO, Ana. Importância da responsabilidade dos subscritores ou acionistas pelo valor dos bens utilizados para a formação do capital social, 2021. cap. II. (grifo nosso)

Sobre isso, ao discorrer sobre os problemas enfrentados pela comunidade internacional de contabilidade para padronizar as normas de cálculo e apuração dos valores de criptoativos, Eduardo Flores aponta o seguinte:

> **3. CONCLUSÕES TEMPORÁRIAS**
>
> No decorrer do presente ensaio buscou-se demonstrar quais são os imperativos para o desenvolvimento contábil, cuja síntese pode ser depreendida da seguinte leitura: a Contabilidade evoltli à medida que o desenvolvimento das atividades negociais contemporâneas demanda informações para orientação do processo decisório dos agentes econômicos.
>
> Nesse contexto, o desenvolvimento contábil é reativo, bem como conservador, à medida que entendimento açodados podem levar, inclusive, a própria deslegitimação das demonstrações contábeis e do seu fundamental papel de escrituração patrimonial e decomposição das variações do patrimônio ao longo do tempo.
>
> Posto isso, os criptoativos surgem como inovações negociais contemporâneas, todavia cuja essência recai sobre o mesmo processo de descentralização pelo qual o capital e as grandes corporações vêln passando ao longo das últimas décadas. Esse entendimento permite estabelecer que os criptoativos são a descentralização da moeda, tal como os mercados acionários representam a descentralização da propriedade privada.
>
> **Tomando-se o fato ele que os criptoativos ganharam momentum nos últimos anos, é possível relatar que não houve tempo hábil para que os normatizadores contábeis pudessem se debruçar sobre o tema, a fim de que normas adensadas ele conteúdos teórico-conceituais e conclusivas cm termos do processo contábil, pudessem ser emitidas para orientar os agentes envolvidos na 'cadeia-produtiva' das demonstrações contábeis.**
>
> **Outrossim, tratamentos contábeis temporários vêm sendo alcançados por comitês interpretativos, a exemplo do IFRS**

***Interpretation Committee*, culminando com entendimentos alheios a boa representação da essência econômica dos criptoativos.**

Posto isso, na atualidade os detentores de criptoativos devem classificá-los junto à rubrica de estoques caso esperem negociá-los no decurso ordinário das atividades. Do contrário, caberá o tratamento contábil desses ativos como itens do subgrupo intangível.

De forma complementar, caso os criptoativos sejam desvalorizados, competirá a redução desses ativos por meio do teste de *impairment*, bem como deverá ser realizada a complementação desses itens para recomposição dos seus valores originais na hipótese de apreciação do valor de mercado de tais itens. Todavia, frise-se, limitando-se o acréscimo ao valor do reconhecimento inicial.

Uma vez mais é cabível mencionar que esse tratamento é, sobremaneira, um tratamento contábil temporário à medida que diferentes agentes econômicos vêm requisitando que o IASB inclua a temática dos criptoativos na pauta de suas atividades, a fim de que num futuro próximo seja emitida uma norma mais bem alinhada à essência econômica de transações que envolvem esses elementos patrimoniais.

No contexto da regulação contábil é sempre importante recobrar que quando se dá uma crise econômica, uma das perguntas mais escutadas pelos profissionais e, sobretudo, pelos acadêmicos contábeis é: como a Contabilidade poderia ter ajudado a prever a crise que se instaurou? Talvez a melhor resposta para esse questionamento seja: fazendo as perguntas que não gostariam de ser escutadas quando o otimismo pandêmico se instaurou nos agentes econômicos. Faço votos de que não seja esse o caso dos criptoativos.[40]

[40] FLORES, Eduardo. Contabilidade de criptoativos: Novos contextos para velhos desafios. *In*: PINTO, Alexandre Evaristo; EROLES, Pedro; MOSQUERA, Roberto Quiroga (coord.). **Criptoativos: estudos regulatórios e tributários**. São Paulo: Quartier Latin, 2021. cap. XI, p. 241-253. (grifos nosso)

A problemática é tão desafiadora que um simples *tweet* de alguém envolvido com o mercado de criptos pode influenciar todo o mercado de forma tão impactante, seja positivamente ou negativamente, como tem-se visto em diversas oportunidades no transcorrer dos últimos anos com os *tweets* do CEO da Tesla, Elon Musk.[41]

No âmbito do Judiciário a questão da volatilidade dos criptoativos também já foi enfrentada, em precedente do Tribunal de Justiça do Distrito Federal e Territórios, no acórdão proferido na Apelação Cível n. 0716411-15.2017.8.07.0001, sob a relatoria do Des. Esdras Neves.

Embora não verse sobre integralização do capital social, esse julgado destaca com clareza a problemática da volatilidade dos criptoativos, como se verifica de trecho da ementa: "[...] **Tal volatilidade impede que sejam comprovados, com razoável grau de certeza, possíveis lucros advindos de operações realizadas com a criptomoeda**".[42]

Ainda, cumpre mencionar a ponderação de Sergio Isidoro Eskenazi Pernidji ao analisar a viabilidade de integralização do capital social das companhias com criptomoedas:

> **Por derradeiro, ainda que o Bitcoin fosse considerado um bem que pudesse ser utilizado para a formação do capital de uma companhia, enfrentaria a questão da sua extrema volatilidade.** [...] Como classificar o fator provável de realização de um ativo que sofre tamanha volatilidade? [...]

[41] Sousa, Renan. Uma história em dois tweets: Elon Musk faz bitcoin cair e dispara cotação de outra moeda. **Seu Dinheiro**. 04 jun. 2021. Disponível em: https://www.seudinheiro.com/2021/economia/bitcoin-elon-musk-tweet-criptomoeda-04-06/. Acesso em: 29 jun. 2021.

[42] TJDFT. **Apelação Cível nº 0716411-15.2017.8.07.0001**. Rel. Des. Esdras Neves; J. 18/04/2018.

> No caso do Bitcoin, **sua volatilidade não está atrelada a qualquer fator conhecido ou previsível, na medida em que sua desvinculação de fatores comuns à valorização de outros ativos que poderia ser equiparáveis, como desempenho do emissor, evolução do mercado, perspectivas de rentabilidade, vinculação jurisdicional a um Estado, mostra-se imprestável para permitir detectar elementos concretos que possam trazer uma percepção sobre os movimentos de sua precificação.** O comportamento da valorização do Bitcoin não possui padrões relacionados com o comportamento deste ou daquele mercado, ou da economia como um todo, que possam ser considerados confiáveis.[43]

Dessa feita, por possuir altíssima volatilidade e por ainda não haver uma padronização das normas contábeis internacionais para a precificação dos criptoativos, é possível constatar ser improvável que os criptoativos cumpram o requisito definido pelo princípio da realidade do capital social.

3.3. Impossibilidade de comprovação da titularidade do criptoativo

Outro ponto que merece atenção no que diz respeito à formação do capital social com criptoativos é a dificuldade – senão impossibilidade – de se comprovar a titularidade.

Como salienta Ana Frazão[44] "o capital social possui notável função organizativa, na medida em que representa simultane-

[43] Pernidji, Sergio Isidoro Eskenazi. A formação do capital do capital das sociedades por ações com criptomoedas. *In*: Castro, Rodrigo Rocha Monteiro de; Azevedo, Luis André; Henriques, Marcus de Freitas (coord.). **Direito societário, mercado de capitais, arbitragem e outros temas**: homenagem a Nelson Eizirik. v. 2. São Paulo: Quartier Latin, 2020. cap. LII, p. 354-355. (grifo nosso).

[44] Frazão, Ana. Função organizativa do capital social, 2021. cap. II, (livro digital não paginado).

amente (i) mecanismo para a atribuição da qualidade de acionista e (ii) referencial dos direitos políticos e patrimoniais de cada sócio".

Segundo a autora "além da participação política, o percentual titularizado no capital social também influencia diretamente na distribuição de lucros. Isso porque cada acionista participa dos lucros na proporção de sua participação no capital social".

Ainda, quando a integralização da quota do capital é feita em bens, é realizada a transferência da respectiva propriedade, visto que passa a integrar o patrimônio da pessoa jurídica, como assinala Sergio Campinho[45].

Tratando-se de criptoativos como será comprovada a titularidade do subscritor?

Como demonstrado neste trabalho, não há como se comprovar efetivamente a titularidade, pois a única garantia da propriedade do criptoativo é a chave privada.

A chave privada, de acordo com Daniel Paiva Gomes[46], nada mais é que uma única linha composta por um código com números e letras, motivo pelo qual "a propriedade dessas criptomoedas não pode ser confirmada ou comprovada pela posse, mas sim pelos dados inseridos no grande livro-razão virtual que é a *Blockchain*".

Ao analisar a questão da comprovação da titularidade, Sergio Isidoro Eskenazi Pernidji[47]salienta que "a titularidade da

[45] CAMPINHO, Sérgio. **Curso de direito comercial**, 2020. p. 156-157.

[46] GOMES, Daniel de Paiva. **Bitcoin: a tributação de criptomoedas**: Da taxonomia camaleônica à tributação de criptoativos sem emissor identificado. São Paulo: Thomson Reuters Brasil, 2021, *e-book*, p. 75. (paginação da versão eletrônica difere da versão impressa).

[47] PERNIDJI, Sergio Isidoro Eskenazi. A formação do capital do capital das sociedades por ações com criptomoedas. *In*: CASTRO, Rodrigo Rocha Monteiro de; AZEVEDO, Luis André; HENRIQUES, Marcus de Freitas (coord.). **Direito**

criptomoeda, ainda que de forma presuntiva, somente pode se dar através da demonstração da capacidade de utilização dos códigos individuais que permitem a sua movimentação" e ao final conclui que **mesmo podendo ser confirmada a veracidade da chave privada e o real acesso ao criptoativo de quem se diz titular, "é impossível garantir que outra pessoa também não a possua"**.

O autor ainda cita interessante estudo feito por Geofrey R. Peck e Steven J. Bleiberg acerca da viabilidade de utilização como garantia das obrigações:

> Geofrey R. Peck e Steven J. Bleiberg publicaram interessante artigo no site Thomson Reuters **discutindo a possibilidade de utilizar Bitcoins como garantia de obrigações**, quando tiveram a oportunidade de trazer à debate a questão da identificação da titularidade das criptomoedas necessária à formação de garantias. Segundo aqueles autores, de conformidade com a decisão de corte do Estado da California, por exemplo, **o reconhecimento da propriedade se dá a verificação de 3 testes**: "*First, there must be na interest capable of precise definition; second, it must be capable of possession or control; and third, the putative owner must have established a legitimate claim to exclusivity.*" [...]
>
> Embora tenham sido os autores do trabalho antes referido, capazes de identificar no Bitcoin características que permitissem preencher dois dos primeiros requisitos (*interest capable of precise definition* e *capable of possession or control*), **reconheceram ser totalmente falho o teste de atendimento do terceiro requisito, isto é, o *legitimate claim to exclusivity*.**[48]

societário, mercado de capitais, arbitragem e outros temas: homenagem a Nelson Eizirik. v. 2. São Paulo: Quartier Latin, 2020. cap. LII, p. 349-350.

[48] Greoffrey R. Peck e Steven J. Bleiberg. Security Interests: Bitcoins and Other Cryptocurrency Assets,2019.) (G.S.Rassmun &Assoc,Inc. v. Kalitta Flying Serv.Inc., 958F.2d 896, 903-04 (9th Cir. 1992 citado por PERNIDJI, Sergio

> Segundo eles, **não existem registros no "mundo real" sobre os proprietários de um endereço, e o exercício do controle de um endereço baseia-se no conhecimento das chaves de movimentação.**

Em igual sentido os Tribunais pátrios vêm decidindo.

Só no Tribunal de Justiça do Estado de São Paulo, por exemplo, a 1ª Câmara de Direito Público, nos autos do Agravo de Instrumento n. 2201356-17.2020.8.26.0000[49], ao julgar a oferta de criptomoeda à penhora por executado em execução fiscal, assinalou que "é **impossível saber da existência e de quem são os donos das "chamadas" "criptomoedas ou moedas digitais**", tendo em vista que, segundo o Desembargador Relator, "**não se pode precisar quem é o seu titular e se de fato e de direito elas existem**".

Essa decisão, destaca-se, foi posteriormente confirmada pela Câmara Especial de Presidentes do TJSP, cuja decisão publicou no dia 22 de junho de 2021[50].

De igual modo decidiu a 2ª Câmara de Direito Público, em situação idêntica, nos autos n. 2215728-68.2020.8.26.0000[51], ao destacar que existem impedimentos para o aceite desse tipo de garantia, sendo o primeiro deles o fato de que "**não há certeza quanto a titularidade, tal ativo foi concebido com a ideia do anonimato e portabilidade.**"

Isidoro Eskenazi. A formação do capital do capital das sociedades por ações com criptomoedas. *In*: Castro, Rodrigo Rocha Monteiro de; Azevedo, Luis André; Henriques, Marcus de Freitas (coord.). **Direito societário, mercado de capitais, arbitragem e outros temas**: homenagem a Nelson Eizirik. v. 2. São Paulo: Quartier Latin, 2020. cap. LII, p. 349-350

[49] TJSP. **AI nº 2201356-17.2020.8.26.0000**. Rel. Des. Luís Francisco Aguilar Cortez; J. 08/09/2020. (grifo nosso)

[50] TJSP. **Agravo Interno Cível nº 2201356-17.2020.8.26.0000**. Rel. Des. Magalhães Coelho (Presidente da Seção de Direito Público); J. 22/06/2021.

[51] TJSP. **AI nº 2215728-68.2020.8.26.0000**. Rel. Des. Claudio Augusto Pedrassi; J. 03/11/2020. (grifo nosso)

No âmbito privado o Tribunal bandeirante também salientou isso quando a 9ª Câmara de Direito Privado julgou o Agravo de Instrumento n. 2059251-85.2018.8.26.0000[52], que versa sobre pedido de penhora de Bitcoins e cuja ementa do acórdão aponta que "a ausência, ademais, de comprovação de que o devedor seja efetivamente titular de bens dessa natureza".

Verifica-se que a questão da titularidade é um ponto crucial a ser ponderado para a viabilidade da utilização dos criptoativos para a integralização do capital social.

Ainda que se consiga confirmar a veracidade da chave privada de um criptoativo, enquanto os criptoativos estiverem em um *blockchain* descentralizada será impossível confirmar a real titularidade para fins ou quem outras pessoas ao redor do mundo também não tenham acesso a essa chave privada.

Quem pode garantir que aquela chave privada já não foi fornecida ou vendida a terceiros ou que ela tenha sido adquirida ilicitamente de alguém?

Ao menos enquanto não houver uma regulamentação específica nesse sentido, não parece viável a utilização para a integralização do capital de uma sociedade, até porque isso configura uma troca de direitos: o subscritor entrega um bem patrimonial e a sociedade entrega uma quota.

Não se pode imaginar a concessão de uma participação da sociedade sem que se tenha certeza se o subscritor está efetivamente contribuindo para com ela.

Logo, conclui-se que isso é temerário não só para os credores sociais, mas também para os demais sócios e, inclusive, para a própria sociedade.

[52] TJSP. **AI nº 2059251-85.2018.8.26.0000**. Rel. Des. Galdino Toledo Júnior; J. 26/11/2019.

3.4. Da impenhorabilidade dos criptoativos

O problema da impenhorabilidade dos criptoativos é outro fator relevante.

Embora haja entendimento no sentido de que a função de garantir os credores da sociedade cabe ao patrimônio social, há um consenso de que de que o capital social é uma garantia indireta para os credores[53], eis que lhe compete assegurá-los minimamente.

Demonstrou-se que a integralização do capital social não pode ser feita com bens impenhoráveis, como ensina Nelson Eizirik[54], André Luiz Santa Cruz Ramos[55] e Sergio Campinho[56].

No âmbito dos criptoativos, a 36ª Câmara de Direito Privado do Tribunal de Justiça do Estado de São Paulo decidiu, em 21/11/2017, ao apreciar o Agravo de Instrumento n. 2202157-35.2017.8.26.0000[57], que "por se tratar de bem imaterial com conteúdo patrimonial, **em tese, não há óbice para que a moeda virtual possa ser penhorada para garantir a execução**".

No entanto no próprio voto do julgado o Relator Desembargador Milton Carvalho destacou que não foram apresentados "indícios de que os agravados tenham investimentos em bitcoins ou, de qualquer outra forma, sejam titulares de bens dessa natureza. Tampouco evidenciado que os executados utilizam moedas virtuais em suas atividades".

[53] FRAZÃO, Ana. Princípios do capital social, 2021. cap. II. (material não paginado).

[54] EIZIRIK, Nelson. **A lei das S/A comentada**: volume III – arts. 138 a 205. 2. ed. rev. e ampl. São Paulo: Quartier Latin, 2015, p. 292.

[55] RAMOS, André Luiz Santa Cruz. **Direito empresarial**, 2020. (livro digital não paginado).

[56] CAMPINHO, Sérgio. Incorporação dos bens ao capital, 2021, cap. II. (livro não paginado)

[57] TJSP. **AI nº 2202157-35.2017.8.26.0000**. Rel. Des. Milton Carvalho; J. 21/11/2017. (grifo nosso)

Essa decisão causou uma agitação aos entusiastas do mercado de criptoativos, visto que foi um dos primeiros indicativos do Judiciário acerca da possibilidade de ser realizada a penhora desse tipo de ativo.

Muitos, no entanto, criticaram esse entendimento, tendo em vista que **inexiste forma segura de evidenciar que alguém é o legítimo titular da criptomoeda**.

Corroborando do mesmo entendimento, Daniel de Paiva Gomes, ao elencar as vantagens do bitcoin e das criptomoedas, destaca que "**não podem ser confiscados ou penhorados sem que se obtenha acesso às chaves pública e privada dos usuários**"[58].

E é exatamente esse problema prático que vem sendo confirmado pelos Tribunais pátrios em decisões mais recentes ao negarem reiterados pedidos tanto de credores quanto de devedores para a penhora de criptoativos.

A título de exemplo é possível citar o julgado do supracitado Agravo de Instrumento n. 2201356-17.2020.8.26.0000 e do Agravo de Instrumento n. 2061313-93.2021.8.26.0000[59], ambos do TJSP, sendo que neste último a Desembargadora Relatora Luciana Bresciani concluiu que "ao menos por ora, inviável o aceite das criptomoedas para fins de garantia do juízo".

Também de forma semelhante o TJMT, ao julgar o Agravo de Instrumento n. 1010209-33.2020.8.11.0000[60], cuja ementa do acórdão destaca ser necessária a determinação do "**bloqueio**

[58] Gomes, Daniel de Paiva. **Bitcoin: a tributação de criptomoedas**: Da taxonomia camaleônica à tributação de criptoativos sem emissor identificado. São Paulo: Thomson Reuters Brasil, 2021, *e-book*, p. 79. (paginação da versão eletrônica difere da versão impressa).

[59] TJSP. **AI nº 2061313-93.2021.8.26.0000**. Rel. Des. Luciana Bresciani; J. 15/04/2021.

[60] TJMT. **AI nº 1010209-33.2020.8.11.0000**. Rel. Des. Marilsen Andrade Addario; J. 01/07/2020.

dos valores investidos em moeda corrente de reais, dada a impossibilidade de fazê-lo em criptoativos".

No mesmo sentido foi a decisão proferida no Agravo de Instrumento n. 0716188-60.2020.8.07.0000[61], em julgamento realizado pela 8ª Turma Cível do TJDFT, em cujo acórdão restou decidido **ser improvável a exequibilidade da penhora de criptoativos**, pois elas podem estar custodiadas em qualquer local e ambiente.

Um caso real – e curioso – que demonstra a verdadeira incapacidade de o Estado conseguir coercitivamente ter acesso aos criptoativos foi noticiado no início deste ano, quando autoridades na Alemanha confiscaram – ou pelo menos tentaram confiscar – US$ 60 milhões em bitcoins de um fraudador que havia minerado ilegalmente bitcoins no computador de terceiros[62].

Embora o fraudador tenha sido preso, ele se negava a fornecer as chaves privadas. E como fica essa situação? Como reparar o dano se a única pessoa no mundo que possui a chave privada se nega a fornecê-la?

Fatídica situação demonstra claramente a impossibilidade prática de o Poder Judiciário tem de conseguir acessar e efetivar a penhora de criptoativos quando estes estiverem num *blockchain* de rede descentralizada ou numa tecnologia de registro distribuído (as DLTs – *distributed ledger technology*).

De toda forma esse cenário poderá mudar caso haja uma regulamentação da questão, notadamente algo que permita uma comunicação efetiva entre *exchanges* e entes estatais.

[61] TJDFT. **AI nº 0716188-60.2020.8.07.0000**, Rel. Des. Eustáquio de Castro; J. 18/02/2021.

[62] O'DONNEL, John. Promotores confiscam US$ 60 mi em bitcoin, mas sem a senha não conseguem acessar **CNN Brasil**, 05 fev. 2021. Disponível em: https://www.cnnbrasil.com.br/business/2021/02/05/autoridades-confiscam-carteira-com-us60-mi-em-bitcoin-mas-qual-e-a-senha. Acesso em: 27 jun. 2021.

Esse, inclusive, é o indicativo do Conselho Nacional de Justiça em nota divulgada à época do lançamento do novo SISBAJUD, conforme noticiado pela Cointelegraph Brasil.[63]

Portanto, considerando que até o presente momento inexiste meios concretos de garantir os direitos dos credores da sociedade, pois atualmente é impossível se socorrer ao judiciário para salvaguardar esses direitos e assegurar a reparação por eventuais danos, denota-se que os criptoativos também não podem ser considerados bens para fins de integralização do capital social, ao menos enquanto não houver uma regulamentação específica sobre o tema.

3.5. A utilidade do bem para fins de integralização do capital social

Ainda que não fossem suficientes os primeiros pontos destacados, há ainda a questão da **utilidade do criptoativo para a sociedade**.

Isso porque o Código Civil e a LSA falam expressamente em "bens" como forma alternativa de integralização do capital social.

No entanto, como também exposto, para parte da doutrina é necessário que para fins de integralização do capital social um bem deve ser considerado **útil**, direta ou, pelo menos, indiretamente para a sociedade, como se colhe da lição de Sérgio Campinho.[64]

Discorrendo sobre o tema Sergio Isidoro Eskenazi Pernidji aponta que:

[63] GUSSON, Cassio. CNJ quer bloquear Bitcoin em exchanges assim como faz com dinheiro em contas bancárias. **Cointelegraph Brasil**, 16 jun. 2020. Disponível em: https://cointelegraph.com.br/news/national-justice-council-plans-to-block-bitcoin-on-exchanges-in-brazil. Acesso em: 27 jun. 2021.

[64] CAMPINHO, Sérgio. **Curso de direito comercial**. 17. ed. rev. e atual. São Paulo: Saraiva, 2020, p. 100-103. Disponível em: https://app.minhabiblioteca.com.br/#/books/9788553618781/. Acesso em: 27 jun. 2021.

> Pode-se reconhecer uma **utilidade** para a criptomoeda? [...] **A resposta deve ser negativa, ao nosso ver.**
>
> O reconhecimento da utilidade da criptomoeda como meio de pagamento é por demais subjetivo, e depende de uma percepção de que seu funcionamento como uma quase moeda se dará de forma continuada, o que não pode ser garantido. **A característica de utilidade para outorgar à criptomoeda a característica de bem, somente poderia ser reconhecida por lei**. E mesmo que o fosse, seria necessário criar mecanismos de controle para sua transferência, com a utilização de corretoras, nos moldes anteriormente referidos que, de certa forma, subvertem o conceito fundamental do bitcoin, de ampla liberdade de transferência. [...][65]

Logo, e considerando que cada criptoativo possui características e funções próprias, o que torna complexo qualquer tipo de avaliação, é provável que o criptoativo não possua qualquer tipo de utilidade para a sociedade, ainda que indiretamente, o que inviabilizaria a considerá-lo um bem integralizável ao capital social.

3.6. A transferência da propriedade do criptoativo

De acordo com Fábio Ulhoa Coelho[66] "qualquer bem, corpóreo ou incorpóreo (registro de marca, patente etc.), móvel ou imóvel, pode ser usado para a integralização do capital social da com-

[65] PERNIDJI, Sergio Isidoro Eskenazi. A formação do capital do capital das sociedades por ações com criptomoedas. *In*: CASTRO, Rodrigo Rocha Monteiro de; AZEVEDO, Luis André; HENRIQUES, Marcus de Freitas (coord.). **Direito societário, mercado de capitais, arbitragem e outros temas**: homenagem a Nelson Eizirik. v. 2. São Paulo: Quartier Latin, 2020. cap. LII, p. p. 352-354. (grifo nosso)

[66] COELHO, Fábio Ulhoa. **Novo manual de direito comercial**: direito de empresa. 31. ed. rev., atual. e ampl. São Paulo: Thomson Reuters Brasil, 2020. *e-book* (material não paginado).

panhia", sendo que tal bem será transferido a título de propriedade, salvo por outra determinação, como nos casos de usufruto.

Para Silvio de Salvo Venosa, os bens a serem integralizados ao capital social "devem ser passíveis de alienação".[67]

A mesma conclusão se colhe da doutrina de José Edwaldo Tavares Borba[68], para quem é "indispensável que esses bens sejam capazes de transmissão, a fim de que transitem do patrimônio do subscritor para o patrimônio da sociedade", sendo que "a transferência do bem à sociedade poderá se fazer a título, entre outros, de usufruto ou propriedade".

Para Borba "a transferência dos bens à sociedade observará os princípios da compra e venda, dependendo os imóveis de registro no competente ofício de imóveis, e os móveis, de tradição"[69].

Sérgio Campinho destaca que "quando os sócios integralizam a sua cota de capital, seja em dinheiro ou em bens, **realiza-se a transferência da respectiva propriedade, passando a integrar o patrimônio da pessoa jurídica**".[70]

No âmbito dos criptoativos, ao emitir o Ofício Circular SEI nº 4081/2020/ME[71] o DREI tratou da questão de forma genérica e extremamente superficial.

[67] VENOSA, Silvio de Salvo; RODRIGUES, Claudia. **Direito empresarial**. 10. ed. rev. e atual. São Paulo: Atlas, 2020. Disponível em: https://app.minhabiblioteca.com.br/#/books/9788597024791/. Acesso em: 26 jun. 2021. (livro digital não paginado).

[68] BORBA, José Edwaldo Tavares. **Direito societário**. 18. ed. rev. e atual. São Paulo: Atlas, 2021. Disponível em: https://app.minhabiblioteca.com.br/#/books/9788597026429/. Acesso em: 27 jun. 2021. (livro digital não paginado).

[69] BORBA, José Edwaldo Tavares. **Direito societário**. 18. ed. rev. e atual. São Paulo: Atlas, 2021. Disponível em: https://app.minhabiblioteca.com.br/#/books/9788597026429/. Acesso em: 27 jun. 2021. (livro digital não paginado).

[70] CAMPINHO, Sérgio. **Curso de direito comercial**: direito de empresa. 17. ed. rev. e atual. São Paulo: Saraiva Educação, 2020. p. 156-157. Disponível em: https://app.minhabiblioteca.com.br/#/books/9788553618781/. Acesso em: 27 jun. 2021.

[71] BRASIL. Ministério da Economia. Departamento Nacional de Registro Empresarial e Integração. **Ofício circular SEI nº 4081/2020/ME**. Brasília,

Isso porque, nesse Ofício Circular, o **DREI se absteve de analisar o tema de forma aprofundada e se limitou a informar que "não existem formalidades especiais que devem ser observadas pelas Juntas Comerciais** 'para fins de operacionalizar o registro dos atos societários que eventualmente envolverem o uso de criptomoedas".

Ainda, o DREI respondeu que nessas situações "devem ser respeitadas as mesmas regras aplicáveis à integralização de capital com bens móveis, conforme o respectivo tipo societário, **limitando-se as Juntas Comerciais ao 'exame do cumprimento das formalidades legais**".

Ora, como amplamente demonstrado no presente artigo, por diversas razões os criptoativos não podem ser equiparados a bens para fins de integralização do capital social, quiçá a bens móveis, conforme terminologia adotada pelo DREI.

Por essa razão, quais seriam as devidas "formalidades legais" a serem seguidas para a integralização com criptoativos?

Ademais, considerando todas as ponderações feitas até o momento, como será possível as Juntas Comerciais aferirem e atestarem, com total certeza, de que o criptoativo objeto da integralização está efetivamente sendo transferido para a sociedade?

Quais seriam os procedimentos necessários para que as Juntas Comerciais assegurem a real transferência da propriedade do criptoativo para a sociedade?

Ao nosso ver, este é mais uma questão que deve ser enfrentada, mas que, por ora, também deve ser considerada uma problemática atinente à integralização do capital de uma sociedade com criptoativos.

DF, 01 dez. 2020. Disponível em: https://www.gov.br/economia/pt-br/assuntos/drei/legislacao/arquivos/OfcioCircular4081criptomoedas.pdf. Acesso em: 08 maio. 2021.

3.7. A responsabilidade pela gestão das chaves privadas dos criptoativos eventualmente integralizados ao capital social

Embora não sejam objeto do presente trabalho outras questões mais complexas, tais como as pautas que envolvem tributos e criptoativos, cumpre abordar, por fim, uma última problemática atinente à integralização do capital social com criptoativos, qual seja a responsabilidade pela gestão das chaves privadas desses criptoativos.

Ainda que, num cenário hipotético, todos os pontos elencados até o momento não sejam mais considerados obstáculos, **quem ficará responsável pelo gerenciamento das chaves privadas desses criptoativos integralizados à sociedade?**

Quem deverá ser responsabilizado se forem extraviadas ou roubadas as chaves privadas dos criptoativos que serão integralizados ao capital social?

Embora pareça uma situação remota, a verdade é que a perda do acesso às chaves privadas é uma hipótese possível se não forem tomadas as devidas precauções.

Muitas são as notícias de pessoas que perderam as chaves privadas e, por consequência, perderam verdadeiras fortunas[72][73].

Recentemente, inclusive, a empresa StakeHound, da Suíça, ingressou com um processo judicial contra a gestora das carteiras de criptomoedas, a Fireblocks, de Israel, em virtude da

[72] SANTINO, Renato. Traficante perdeu mais de R$ 250 milhões em bitcoin por esquecer senhas. **Olhar Digital**, 21 fev. 2020. Disponível em: https://olhardigital.com.br/2020/02/21/seguranca/traficante-perdeu-mais-de-r-250-milhoes-em-bitcoin-por-esquecer-senhas/. Acesso em: 23 jun. 2021.

[73] Má gestão de chaves faz jovem perder acesso a carteira com US$ 220 milhões em bitcoin. **Exame**, 12 jan. 2021. Disponível em: https://exame.com/future-of-money/dinheiro-tendencias/jovem-perde-senha-e-fica-sem-acesso-a-carteira-com-us-220-milhoes-em-bitcoin/. Acesso em: 23 jun. 2021.

perda das chaves privadas dessas carteiras com 38 mil Ethereum (que na época estavam avaliados em US$ 75 milhões)[74].

De acordo com Roy Martelanc perder o acesso a um criptoativo significa perder para sempre o próprio criptoativo:

> As pessoas vivem perdendo as suas senhas, portanto seus criptoativos (Falk, 2020) e essas perdas são para sempre (Anna, 2018). O criptoativo extraviado aumenta o valor dos que permanecem nas mãos dos demais detentores; é como uma doação a eles (Nakamoto apud Dominguez, 2020).
>
> Muitas pessoas, por não confiarem na sua própria competência, preferem deixar a movimentação de carteiras com terceiros (Falk, 2020; Hodgson, 2020). No caso geral, temem extraviar os dados de acesso aos seus criptoativos ou sofrer algum ataque de malware (Anna, 2018). Conquanto pareça segura, essa manobra é somente tão robusta quanto o forem esses terceiros (Falk, 2020).
>
> Ainda não há casos publicamente reportados, talvez pela escassa idade dos detentores dos criptoativos, mas uma senha na posse de um indivíduo pode gerar a perda definitiva do ativo no caso de falecimento ou incapacidade mental. O criptoativo passa a não ser movimentável e, para todos os fins práticos, é como senão mais existisse.
>
> Ganha o emissor do ativo que pode embolsar o dinheiro; perdem o usuário e seus herdeiros. [75]

[74] NASCIMENTO, Daniela Pereira do. Fireblocks é processada por perder chaves privadas que continham US$ 75 milhões em ether. **Money Times**, 23 jun. 2021. Disponível em: https://www.moneytimes.com.br/fireblocks-e-processada-por-perder-chaves-privadas-que-continham-us-75-milhoes-em-ether/. Acesso em: 24 jun. 2021.

[75] MARTELANC, Roy. Criptoativos. *In*: PINTO, Alexandre Evaristo; EROLES, Pedro; MOSQUERA, Roberto Quiroga (coord.). **Criptoativos: estudos regulatórios e tributários**. São Paulo: Quartier Latin, 2021. cap. X, p. 224-225.

Como se vê, é de suma importância que haja uma estipulação prévia – legal ou regulatória – acerca da responsabilidade pela gestão das chaves privadas dos criptoativos que serão integralizados ao capital da sociedade.

Sem isso, não parece correto a aceitação pelas Juntas Comerciais para que o capital social possa ser integralizado com criptoativos, o que, aliado a todos os outros problemas elencados, reforça a impossibilidade – ao menos por enquanto – de utilizar criptoativos para integralizar o capital de uma sociedade.

Conclusões

No presente trabalho foram analisados de forma objetiva os principais aspectos da formação do capital de uma sociedade empresária com ativos que guardam relação e devem ser observados no que tange à temática dos criptoativos.

Inicialmente, no **primeiro capítulo**, foram apontadas algumas definições doutrinárias pacificadas acerca do capital social, tais como o conceito e os princípios que o norteiam.

Também foi indicado o entendimento sobre a função do capital social que para alguns autores ele serve como uma garantia aos credores da sociedade, ainda que indiretamente, pois isso caberia primariamente ao patrimônio social.

Na sequência explorou-se brevemente a acepção de "bem" pela doutrina civilista cujos autores entendem como sendo aquilo que é útil e pode ser apropriado.

No âmbito do direito societário foi apontada a divergência existente acerca do requisito da utilidade para que um bem possa ser considerado apto a integralizar o capital de uma sociedade: alguns autores compreendem que o bem deve ser útil e não pode ser estranho ao objeto do capital social, ao passo que outros compreendem que esse requisito não é absoluto visto que a utilidade pode ser constatada indiretamente.

Também foram destacados os requisitos da penhorabilidade que o bem a ser integralizado deve ter, bem como o indispensável cumprimento ao princípio da realidade do capital social, haja vista que a contribuição do subscritor não pode ser feita com bens fictícios ou supervalorizados.

Ao final do primeiro capítulo, no intuito de visualizar melhor o cenário dos criptoativos com o capital social, foi tratado brevemente sobre os conceitos de "bens" e dos denominados "bens digitais", os quais podem ser assimilados como os bens incorpóreos inseridos por um usuário na internet e que tenham alguma utilidade à ele, além dos chamados "bens digitais patrimoniais" que deverão ter, além da utilidade, algum valor econômico e a observância da titularidade do bem.

No **segundo capítulo** tratou-se brevemente do novo universo dos criptoativos, notadamente acerca das criptomoedas, do *blockchain* e da existência de terminologias distintas utilizadas por muitos de forma equivocadamente para se referir a mesma coisa, tais como "moeda digital", "moeda virtual", "moeda eletrônica", "criptomoedas", "criptoativos", "*tokens*", "*payment tokens*", "*utility tokens*" e "*security tokens*".

Destacou-se, também, a essencialidade do emprego da terminologia correta desses criptoativos, visto ser essencial aferir a natureza jurídica de cada um para poder delimitar a abrangência e o que será ou não impactado por eles nas relações jurídicas, inclusive é o que definirá a competência dos entes estatais.

Na sequência foi feita uma rápida análise da Lei Federal nº 14.478/2022 (o Marco Legal dos Criptoativos) e das normas regulamentadores que estão por vir, bem como sobre os posicionamentos já exarados por alguns órgãos brasileiros.

Em prosseguimento analisou-se a manifestação do DREI, emitida por meio do Ofício Circular SEI nº 4081/2020/ME de 1º de dezembro de 2020, mostrando-se favoravelmente à possibilidade de integralização do capital social com criptoativos.

No que tange à natureza jurídica (primeiro questionamento feito pela JUCESP) viu-se que o DREI, em bem verdade, não chegou a nenhuma conclusão, pois se limitou a citar as manifestações anteriores exaradas pelo BACEN, pela CVM e pela RFB.

Acerca dos argumentos adotados, viu-se que o DREI apenas indicou que não há óbice legal (segundo questionamento) para a utilização de criptoativos para a integralização do capital social, o que é extremamente superficial e decorre da lógica de que a redação legal é anterior ao surgimento dos criptoativos.

Sobre o terceiro questionamento foi possível notar que o DREI orientou que a formalidade a ser seguida seria a mesma utilizada à integralização com bens móveis, conforme o tipo societário.

Por fim, constatou-se a utilização de termos distintos pelo DREI no Ofício Circular como se tudo significasse a mesma coisa, o que gera outro problema, pois como restou demonstrado o uso da terminologia correta vai além da mera nomenclatura.

O **terceiro e último capítulo** inicia destacando a zona cinzenta em que se encontram os criptoativos em relação ao direito societário e, principalmente, à formação do capital social.

Como assinalado, os criptoativos se encontram num limbo jurídico, visto que embora a o CC/02 e a LSA não proíbam de forma expressa a utilização dos criptoativos – o que é natural, eis que os dispositivos aplicáveis destas Leis são todos anteriores ao surgimento dos criptoativos, é necessário ser observado que no cenário atual de ausência de norma regulamentar específica é inviável classificar os criptoativos como "bens" para fins de formação do capital social, pois eles não preenchem os vigentes requisitos legais e principiológicos necessários para serem integralizados ao capital de uma sociedade.

O **primeiro empecilho** abordado foi a impossibilidade de se considerar os criptoativos como "contribuição em moeda" (art. 997, inciso III, do CC/02) ou como "contribuição em dinheiro" (art. 7º da LSA), pois é pacífico o entendimento de que **as crip-**

tomoedas (uma das espécies de criptoativos) não são moedas, tendo em vista que não possuem curso forçado, não são emitidas por autoridade responsável e, então, não podem ser consideradas "dinheiro".

O **segundo problema** explorado foi o da **incompatibilidade do princípio da realidade do capital social com a altíssima volatilidade dos criptoativos**, afinal não é incomum eles sofrerem oscilações de preço muito grande num espaço de tempo muito curto, o que não só foge da ideia elementar do princípio da realidade – a de que o valor integralizado deve corresponder à exata cifra contábil que foi subscrito – como também dificultaria imensamente a avaliação deles pelos peritos, conforme determina a redação legal.

O **terceiro ponto** identificado é a problemática da **dificuldade – senão impossibilidade – de se comprovar a titularidade da propriedade**, afinal o único meio de prova é a chave privada que nada mais é do que uma linha com letras e números. Ainda que se possa confirmar a veracidade e o efetivo acesso ao criptoativo, é impossível garantir que nenhuma outra pessoa no mundo tenha acesso àquela chave privada, o que traduz um problema crucial não só pela integralidade do bem, mas principalmente por ser essencial haver uma troca de direitos entre a sociedade e o subscritor, não podendo ser admitido que alguém ingresse numa sociedade sem a efetiva contribuição.

O **quarto obstáculo** identificado é o da **impenhorabilidade dos criptoativos**, pois se estiverem inseridos em um *blockchain* descentralizado é impossível que o Poder Judiciário possa intervir a fim de resguardar os direitos daqueles que forem lesados, pelo menos enquanto não houver uma efetiva regulamentação do tema, afinal, como foi demonstrado, ainda que para alguns autores cabe primariamente ao patrimônio da sociedade garantir os credores, há um consenso de que o capital social representa uma forma de garantia mínima e indireta dos credores sociais, motivo pelo qual muitos autores entendem que os bens impenhoráveis são imprestáveis para integralizar o capital da sociedade.

O **quinto impasse** averiguado diz respeito à **falta de utilidade dos criptoativos** para fins de integralização do capital social, haja vista que para alguns autores é necessário que os bens a serem integralizados devem poder ser considerados úteis direta ou, ao menos, indiretamente para a sociedade, o que atualmente seria inviável no cenário de inexistência regulatória, notadamente pelo frequente confusão terminológica para se referir indiscriminadamente aos mais diversos tipos de criptoativos, os quais possuem funções, características e natureza jurídicas próprias.

Na sequência, o **sexto impedimento** seria a inexistência de uma formalidade legal de procedimento formal previsto em lei ou em norma regulamentar a ser seguido pelas Juntas Comerciais para fins de aferição da efetiva transferência da propriedade do criptoativo para a sociedade.

Ao final, a **sétima adversidade** identificada diz respeito à inexistência de uma definição legal ou regulamentar acerca da **gestão das chaves privadas dos criptoativos que eventualmente sejam integralizados à sociedade**, notadamente sobre quem deverá ser responsável por geri-las, quais são os procedimentos e precauções que devem ser adotados e o que deve ocorrer e quem deve ser responsabilizado em caso de extravio ou roubo dessas chaves, afinal, sem essas definições prévias não parece adequado que as Juntas Comerciais permitam que o capital social possa ser integralizado com criptoativos, o que, aliado a todos os outros problemas elencados, reforça a impossibilidade – ao menos por enquanto – de utilizar criptoativos para integralizar o capital de uma sociedade.

Portanto, é certo que muitos debates ainda surgirão no intuito de conciliar os universos do direito societário e dos criptoativos, todavia, **no cenário atual de inexistência de nor-**

mas regulamentares específicas, é possível concluir que os criptoativos não podem ser utilizados para a integralização do capital social, visto que embora não haja óbice legal ou regulamentar, verifica-se que os criptoativos também não preenchem os vigentes requisitos principiológicos, legais e regulamentares necessários para serem considerados "bens patrimoniais" aptos à formação do capital de uma sociedade.

Referências

ADAMEK, Marcelo Vieira Von; FRANÇA, Erasmo Valladão Azevedo e Novaes; ALVES, Giulia Ferrigno Poli Ide. Breves reflexões sobre o uso de criptoativos para integralização do capital social e os ulteriores desdobramentos societários. *In*: PINTO, Alexandre Evaristo; EROLES, Pedro; MOSQUERA, Roberto Quiroga (coord.). **Criptoativos: estudos regulatórios e tributários**. São Paulo: Quartier Latin, 2021. cap. XIV, p. 297-325.

BORBA, José Edwaldo Tavares. **Direito societário**. 18. ed. rev. e atual. São Paulo: Atlas, 2021. Disponível em: https://app.minhabiblioteca.com.br/#/books/9788597026429/. Acesso em: 27 jun. 2021. (livro digital não paginado).

BRASIL. Lei nº 14.478, de 21 de dezembro de 2022. Dispõe sobre diretrizes a serem observadas na prestação de serviços de ativos virtuais e na regulamentação das prestadoras de serviços de ativos virtuais; altera o Decreto-Lei nº 2.848, de 7 de dezembro de 1940 (Código Penal), para prever o crime de fraude com a utilização de ativos virtuais, valores mobiliários ou ativos financeiros; e altera a Lei nº 7.492, de 16 de junho de 1986, que define crimes contra o sistema financeiro nacional, e a Lei nº 9.613, de 3 de março de 1998, que dispõe sobre lavagem de dinheiro, para incluir as prestadoras de serviços de ativos virtuais no rol de suas disposições. **Palácio do Planalto da Presidência da República**, Brasília, DF, 22 dez. 2022. Disponível em: https://www.planalto.gov.br/ccivil_03/_Ato2019-2022/2022/Lei/L14478.htm. Acesso em: 14 fev. 2023.

BRASIL. Ministério da Economia. Secretaria Especial de Desburocratização, Gestão e Governo Digital. Departamento Nacional de Registro Empresarial e Integração. **Ofício circular SEI nº 4081/2020/ME**. Ministério da Economia, Brasília, DF, 01 dez. 2020. Disponível em: https://www.

gov.br/economia/pt-br/assuntos/drei/legislacao/arquivos/OfcioCircular4081criptomoedas.pdf. Acesso em: 08 mai. 2021.

Campinho, Sérgio. **Curso de direito comercial**: direito de empresa. 17. ed. rev. e atual. São Paulo: Saraiva Educação, 2020. 360 p. Disponível em: https://app.minhabiblioteca.com.br/#/books/9788553618781/. Acesso em: 27 jun. 2021.

Campinho, Sérgio. Incorporação dos bens ao capital. *In*: Coelho, Fábio Ulhoa (coord). **Lei das sociedades anônimas comentada**. Rio de Janeiro: Forense, 2021. cap. II. Disponível em: https://app.minhabiblioteca.com.br/#/books/9786559640683/. Acesso em: 28 jun. 2021. (livro digital não paginado).

Castagna, Ricardo Alessandro. Blockchain e operações financeiras: impactos na tributação. *In*: Longhi, Maria Isabel Carvalho Sica. *et al.* (coord.). **Direito e novas tecnologias**. São Paulo: Almedina, 2020, *e-book*, p. 632-672. (paginação da versão eletrônica difere da versão impressa).

Coelho, Fábio Ulhoa (coord). **Lei das sociedades anônimas comentada**. Rio de Janeiro: Forense, 2021. Disponível em: https://app.minhabiblioteca.com.br/#/books/9786559640683/. Acesso em: 28 jun. 2021. (livro digital não paginado).

Coelho, Fábio Ulhoa. **Novo manual de direito comercial**: direito de empresa. 31. ed. rev., atual. e ampl. São Paulo: Thomson Reuters Brasil, 2020, *e-book* (material não paginado).

Eizirik, Nelson. **A lei das S/A comentada**: volume III – arts. 138 a 205. 2. ed. rev. e ampl. São Paulo: Quartier Latin, 2015. 589 p.

Flores, Eduardo. Contabilidade de criptoativos: Novos contextos para velhos desafios. *In*: Pinto, Alexandre Evaristo; Eroles, Pedro; Mosquera, Roberto Quiroga (coord.). **Criptoativos: estudos regulatórios e tributários**. São Paulo: Quartier Latin, 2021. cap. XI, p. 241-253.

Frazão, Ana. A natureza do capital social. *In*: Coelho, Fábio Ulhoa (coord). **Lei das sociedades anônimas comentada**. Rio de Janeiro: Forense, 2021. cap. II. Disponível em: https://app.minhabiblioteca.com.br/#/books/9786559640683/. Acesso em: 28 jun. 2021. (livro digital não paginado).

Gomes, Daniel de Paiva. **Bitcoin: a tributação de criptomoedas**: Da taxonomia camaleônica à tributação de criptoativos sem emissor identificado. São Paulo: Thomson Reuters Brasil, 2021, *e-book*, 392 p. (paginação da versão eletrônica difere da versão impressa).

Gomes, Daniel Paiva; Gomes, Eduardo Paiva. Controvérsias tributárias envolvedo NFT's *(Non-Fungible Tokens)* e seu uso no setor artístico. *In*:

PINTO, Alexandre Evaristo; EROLES, Pedro; MOSQUERA, Roberto Quiroga (coord.). **Criptoativos: estudos regulatórios e tributários**. São Paulo: Quartier Latin, 2021. cap. III, p. 61-85.

GOMES, Daniel Paiva. Aspectos Jurídico-Regulatórios e Econômicos: 10. A natureza jurídica camaleônica dos criptoativos e dos tokens: da substância material à praticabilidade ficcional. *In*: GOMES, Daniel Paiva; GOMES, Eduardo Paiva; CONRADO, Paulo Cesar. (coord.). **Criptoativos, Tokenização, Blockchain e Metaverso**: aspectos filosóficos, tecnológicos, jurídicos e econômicos. 1. ed. São Paulo: Thomson Reuters Brasil, 2022, *e-book*, cap. X, p. RB-10-1 a RB-10-5. Disponível em: https://proview.thomsonreuters.com/launchapp/title/rt/monografias/297342995/v1/page/1. Acesso em 15 fev. 2023. (paginação da versão eletrônica difere da versão impressa).

GUSSON, Cassio. Conselho Nacional de Justiça quer bloquear Bitcoin em exchanges assim como faz com dinheiro em contas bancárias. **Cointelegraph Brasil**, 16 jun. 2020. Disponível em: https://cointelegraph.com.br/news/national-justice-council-plans-to-block-bitcoin-on-exchanges-in-brazil. Acesso em: 27 jun. 2021.

GUSSON, Cassio. Exclusivo: Ministério da Fazenda, Banco Central e CVM preparam decreto sobre criptomoedas. **Cointelegraph Brasil**, 14 fev. 2023. Disponível em: https://cointelegraph.com.br/news/exclusive-ministry-of-economy-central-bank-and-cvm-prepare-decree-on-cryptocurrencies. Acesso em: 16 fev. 2023.

LAMY FILHO, Alfredo; PEDREIRA, José Luiz Bulhões (coord.). **Direito das companhias**. 2. ed. atual. e ref. Rio de Janeiro: Forense, 2017. 1680 p.

Má gestão de chaves faz jovem perder acesso a carteira com US$ 220 milhões em bitcoin. **Exame**, 12 jan. 2021. Disponível em: https://exame.com/future-of-money/dinheiro-tendencias/jovem-perde-senha-e-fica-sem-acesso-a-carteira-com-us-220-milhoes-em-bitcoin/. Acesso em: 23 jun. 2021.

MARTELANC, Roy. Criptoativos. *In*: PINTO, Alexandre Evaristo; EROLES, Pedro; MOSQUERA, Roberto Quiroga (coord.). **Criptoativos: estudos regulatórios e tributários**. São Paulo: Quartier Latin, 2021. cap. X, p. 211-240.

NAKAMOTO, Satoshi. **Bitcoin**: a peer-to-peer electronic cash system. 2009. Disponível em: https://bitcoin.org/bitcoin.pdf. Acesso em: 08 jun. 2021.

NASCIMENTO, Daniela Pereira do. Fireblocks é processada por perder chaves privadas que continham US$ 75 milhões em ether. **Money Times**, 23 jun. 2021. Disponível em: https://www.moneytimes.com.br/fireblocks-e-processada-por-perder-chaves-privadas-que-continham-us-75-milhoes-em-ether/. Acesso em: 24 jun. 2021.

O'DONNEL, John. Reuters. Promotores confiscam US$ 60 mi em bitcoin, mas sem a senha não conseguem acessar **CNN Brasil**, 05 fev. 2021. Disponível em: https://www.cnnbrasil.com.br/business/2021/02/05/autoridades-confiscam-carteira-com-us60-mi-em-bitcoin-mas-qual-e-a-senha. Acesso em: 27 jun. 2021.

PERNIDJI, Sergio Isidoro Eskenazi. A formação do capital do capital das sociedades por ações com criptomoedas. *In*: CASTRO, Rodrigo Rocha Monteiro de; AZEVEDO, Luis André; HENRIQUES, Marcus de Freitas (coord.). **Direito societário, mercado de capitais, arbitragem e outros temas**: homenagem a Nelson Eizirik. v. 2. São Paulo: Quartier Latin, 2020. cap. LII, p. 331-357.

PINTO, Alexandre Evaristo; EROLES, Pedro; MOSQUERA, Roberto Quiroga (coord.). **Criptoativos: estudos regulatórios e tributários**. São Paulo: Quartier Latin, 2021. 542 p.

RAMOS, André Luiz Santa Cruz. **Direito empresarial**: volume único. 10. ed. Rio de Janeiro: Forense; São Paulo: MÉTODO, 2020. Disponível em: https://app.minhabiblioteca.com.br/#/books/9788530990343/. Acesso em: 24 jun. 2021. (livro digital não paginado).

SANTINO, Renato. Traficante perdeu mais de R$ 250 milhões em bitcoin por esquecer senhas. **Olhar Digital**, 21 fev. 2020. Disponível em: https://olhardigital.com.br/2020/02/21/seguranca/traficante-perdeu-mais-de-r-250-milhoes-em-bitcoin-por-esquecer-senhas/. Acesso em: 23 jun. 2021.

SCHECHTMAN, David Casz. Necessidade de Registro de ICO: Criptomoedas São Valores Mobiliários? *In*: HANSZMANN, Felipe (org.). **Atualidades em Direito Societário e Mercado de Capitais**. v. 3. Rio de Janeiro: Lumen Juris, 2019, *e-book*, p. 147-192. (paginação da versão eletrônica difere da versão impressa).

SOUSA, Renan. Uma história em dois tweets: Elon Musk faz bitcoin cair e dispara cotação de outra moeda. **Seu Dinheiro**. 04 jun. 2021. Disponível em: https://www.seudinheiro.com/2021/economia/bitcoin-elon-musk-tweet-criptomoeda-04-06/. Acesso em: 29 jun. 2021.

TALARICO, Thamilla. Blockchain, Transparência e o Direito Societário. *In*: HANSZMANN, Felipe (org.). **Atualidades em Direito Societário e Mercado de Capitais**. v. 3. Rio de Janeiro: Lumen Juris, 2019, *e-book*, p. 493-540. (paginação da versão eletrônica difere da versão impressa).

TEIXEIRA, Tarcísio; RODRIGUES, Carlos Alexandre. **Blockchain e criptomoedas**: aspectos jurídicos. 2. ed. rev. e atual. Salvador: Editora JusPodivm, 2021. 224 p.

TOMAZETTE, Marlon. **Curso de direito empresarial**: teoria geral e direito societário. 11. ed. rev. e atual. São Paulo: Saraiva Educação, 2020.

v. 1. 720 p. Disponível em: https://app.minhabiblioteca.com.br/#/books/9788553616671/. Acesso em: 24 jun. 2021.

VENOSA, Silvio de Salvo; RODRIGUES, Claudia. **Direito empresarial**. 10. ed. rev. e atual. São Paulo: Atlas, 2020. Disponível em: https://app.minhabiblioteca.com.br/#/books/9788597024791/. Acesso em: 26 jun. 2021. (livro digital não paginado).

ZAMPIER, Bruno. **Bens digitais**: cybercultura, redes sociais, e-mails, músicas, livros, milhas aéreas, moedas virtuais. 2. ed. Indaiatuba: Editora Foco, 2021, *e-book*, 308 p. (paginação da versão eletrônica difere da versão impressa).

Jurisprudência

DISTRITO FEDERAL E TERRITÓRIOS. Tribunal de Justiça do Distrito Federal e Territórios. Acórdão 1090983. **Apelação Cível nº 0716411-15.2017.8.07.0001**. Relator: Des. Esdras Neves; Órgão Julgador: 6ª Turma Cível; Data do julgamento: 18/04/2018; Data de publicação: 27/04/2018. Disponível em: https://pesquisajuris.tjdft.jus.br/IndexadorAcordaos-web/sistj. Acesso em: 29 jun. 2021.

DISTRITO FEDERAL E TERRITÓRIOS. Tribunal de Justiça do Distrito Federal e Territórios. Acórdão. **Agravo de Instrumento nº 0716188-60.2020.8.07.0000**. Relator: Des. Eustáquio de Castro; Órgão Julgador: 8ª Turma Cível; Data do julgamento: 18/02/2021; Data de publicação: 04/03/2021. Disponível em: https://pesquisajuris.tjdft.jus.br/IndexadorAcordaos-web/sistj. Acesso em: 29 jun. 2021.

ESTADO DE SÃO PAULO. Tribunal de Justiça do Estado de São Paulo. Acórdão. **Agravo de Instrumento nº 2201356-17.2020.8.26.0000**. Relator: Des. Luís Francisco Aguilar Cortez; Órgão Julgador: 1ª Câmara de Direito Público; Foro das Execuções Fiscais Estaduais – Vara das Execuções Fiscais Estaduais; Data do Julgamento: 08/09/2020; Data de Registro: 08/09/2020. Disponível em: https://esaj.tjsp.jus.br/cjsg/getArquivo.do?cdAcordao=13940181&cdForo=0. Acesso em: 23 jun. 2021.

ESTADO DE SÃO PAULO. Tribunal de Justiça do Estado de São Paulo. Acórdão. **Agravo de Instrumento nº 2061313-93.2021.8.26.0000**. Relatora: Des. Luciana Bresciani; Órgão Julgador: 2ª Câmara de Direito Público; Foro Central – Fazenda Pública/Acidentes – 13ª Vara de Fazenda Pública; Data do Julgamento: 15/04/2021; Data de Registro: 15/04/2021. Disponível em: https://esaj.tjsp.jus.br/cjsg/getArquivo.do?cdAcordao=14547245&cdForo=0. Acesso em: 22 jun. 2021.

ESTADO DE SÃO PAULO. Tribunal de Justiça do Estado de São Paulo. Acórdão. **Agravo de Instrumento nº 2215728-68.2020.8.26.0000**. Relator: Des. Claudio Augusto Pedrassi; Órgão Julgador: 2ª Câmara de Direito Público; Foro das Execuções Fiscais Estaduais – Vara das Execuções Fiscais Estaduais; Data do Julgamento: 03/11/2020; Data de Registro: 03/11/2020. Disponível em: https://esaj.tjsp.jus.br/cjsg/getArquivo.do?cdAcordao=14114755&cdForo=0. Acesso em: 23 jun. 2021.

ESTADO DE SÃO PAULO. Tribunal de Justiça do Estado de São Paulo. Acórdão. **Agravo de Instrumento nº 2059251-85.2018.8.26.0000**. Relator: Des. Galdino Toledo Júnior; Órgão Julgador: 9ª Câmara de Direito Privado; Foro Central Cível – 8ª Vara Cível; Data do Julgamento: 26/11/2019; Data de Registro: 26/11/2019. Disponível em: https://esaj.tjsp.jus.br/cjsg/getArquivo.do?cdAcordao=13111268&cdForo=0. Acesso em: 23 jun. 2021.

ESTADO DE SÃO PAULO. Tribunal de Justiça do Estado de São Paulo. Acórdão. **Agravo de Instrumento nº 2202157-35.2017.8.26.0000**. Relator: Des. Milton Carvalho; Órgão Julgador: 36ª Câmara de Direito Privado; Foro Regional XV – Butantã – 1ª Vara Cível; Data do Julgamento: 21/11/2017; Data de Registro: 21/11/2017. Disponível em: https://esaj.tjsp.jus.br/cjsg/getArquivo.do?cdAcordao=10988627&cdForo=0. Acesso em: 23 jun. 2021.

ESTADO DE SÃO PAULO. Tribunal de Justiça do Estado de São Paulo. Acórdão. **Agravo Interno Cível nº 2201356-17.2020.8.26.0000**. Relator: Des. Magalhães Coelho (Presidente da Seção de Direito Público); Órgão Julgador: Câmara Especial de Presidentes; Foro das Execuções Fiscais Estaduais – Vara das Execuções Fiscais Estaduais; Data do Julgamento: 22/06/2021; Data de Registro: 22/06/2021. Disponível em: https://esaj.tjsp.jus.br/cjsg/getArquivo.do?cdAcordao=14745216&cdForo=0. Acesso em: 26 jun. 2021.

ESTADO DO MATO GROSSO. Tribunal de Justiça do Estado do Mato Grosso. Acórdão. **Agravo de Instrumento nº 1010209-33.2020.8.11.0000**. Relator: Des. MARILSEN ANDRADE ADDARIO; Órgão Julgador: 2ª Câmara de Direito Privado; Data do julgamento: 01/07/2020; Data de publicação: 10/07/2020. Disponível em: https://jurisprudencia-api.tjmt.jus.br/VisualizaRelatorio/RetornaDocumentoAcordao?id=49906471&colegiado=Segunda&origem=PJe. Acesso em: 29 jun. 2021.

ASPECTOS GERAIS E PROBLEMATIZAÇÕES DO CRIME DE FAVORECIMENTO DE CREDORES NO ÂMBITO DO PROCEDIMENTO RECUPERACIONAL

Carolina Pochetto Michalawski

Introdução

A evolução histórica do crime de favorecimento de credores buscou, essencialmente, resguardar a coletividade de credores de uma empresa devora que enfrenta um procedimento recuperacional, a fim de que todos sejam tratados da mesma maneira dentro de sua respectiva classe.

Da análise do conteúdo legislativo que o rege, no entanto, é possível verificar algumas inconsistências quanto a sua efetiva aplicação, existindo até mesmo diversas divergências doutrinárias sobre o tema.

Nesse passo, os estudos em torno do tema acabaram, de forma inevitável, por convergirem em torno de três pontos de suma importância e relevância, quais sejam: a efetiva configuração do delito, o preenchimento da condição objetiva de punibilidade quando do proferimento da sentença que concede a recuperação judicial à empresa para atuação do poder repressor pelo Estado e a competência jurisdicional para julgamento do crime.

De fato, pela mera leitura dos artigos que regem o respectivo crime, trazidos pela Lei nº 11.101/2005 e consequente reformulação do texto legal, é possível verificar a intenção do legislador em ampliar o espectro penal com relação ao crime em tela, no entanto, concomitantemente a isso, introduziu elementos que, por serem essenciais a sua aplicabilidade, dificultam em muito a possibilidade de incriminação.

Outro ponto que se destaca, como já mencionado, guarda relação com a competência jurisdicional para julgamento do crime, eis que em alguns estados Federativos, o quanto disposto expressamente na LRF sobre o tema é inaplicável.

Diante dessas condições impostas, buscou-se desenvolver um raciocínio sobre a coerência de se existir uma condição objetiva para que seja caracterizado o crime de favorecimento de credores, trazendo ainda posicionamentos doutrinários diversos sobre a problematização envolvendo a competência para seu julgamento.

Com efeito, consoante será demonstrado no item 4 do presente trabalho, alguns autores defendem a letra da lei, no sentido de que o juízo criminal seria o único efetivamente apto a julgar o crime eis que matéria de seu conhecimento; outros tantos posicionam-se pela extensão trazida pelas Leis de Organização e Divisão Judiciária dos Estados Federativos, ao atribuir competência ao juízo em que se processa a recuperação judicial para julgamento, sob o argumento de que esse estaria muito mais próximo à realidade da empresa devedora.

Todas as questões, no entanto, tornam-se delicadas quando analisadas sobre a perspectiva de uma recuperação judicial e os seus efeitos.

Por assim ser, o estudo foi dividido em três principais capítulos, afora a introdução e as considerações finais. O primeiro trará um aspecto geral sobre o crime de favorecimento de credores, trazendo o seu conceito, uma análise sobre sujeitos ativos e passivos e, ainda, os aspectos sobre a condição objetiva de punibilidade para a caracterização do crime e toda a sua problematização para que haja sua configuração. O segundo tratará sobre a condenação criminal e os seus efeitos, bem como as controvérsias existentes quanto à rigorosa sanção imposta pelo legislador, existindo um vínculo com relação a esse ponto também com relação à dificuldade de atuação do poder repressor pelo Estado. Finalmente, o terceiro e último abordará a competência criminal para julgamento do crime, trazendo mais uma controvérsia com relação à efetiva aplicação do quanto disposto na Lei nº 11.101/2005.

1. O crime de favorecimento de credores no âmbito do procedimento recuperacional

1.1. Breve conceito

Inicialmente, importante esclarecer que a despeito da nomenclatura de "Crime Falimentar", usualmente utilizada pela doutrina e jurisprudência, os crimes previstos na LRF (artigos 168 *usque* 178) poderão ocorrer não somente nos casos de falência, mas também nos procedimentos de recuperação, tanto judicial, como extrajudicial.

Objeto do presente estudo, o artigo 172 da LRF, que dispõe sobre o crime de favorecimento de credores, encontra sua referência no artigo 188, inciso II[1], do então Decreto-Lei nº 7.661/1945 (revogada Lei de Falências), o qual se caracterizava, à época, unicamente quando houvesse o pagamento antecipado de algum credor e, como consequência, o prejuízo de outros.

A Lei 11.101/2005, por sua vez, trouxe consigo uma expressiva evolução no que tange ao delito, de modo a ampliar o seu

[1] Art. 188. Será punido o devedor com a mesma pena do artigo antecedente, quando com a falência concorrer algum dos seguintes fatos:
[...]
II – pagamento antecipado de uns credores em prejuízo de outros;

espectro, ao preceituar que comete o crime de favorecimento de credores quem pratica, antes ou depois da sentença que decretar a falência, conceder a recuperação judicial ou homologar plano de recuperação extrajudicial, ato de disposição ou oneração patrimonial ou gerador de obrigação, destinado a favorecer um ou mais credores em prejuízo dos demais, sendo a pena de 2 (dois) a 5 (cinco) anos e multa. Em seu parágrafo único preceitua ainda que, na mesma pena incide o credor que, em conluio, possa beneficiar-se de tal ato.

A evolução de todo texto legal e o consequente surgimento da LRF teve como principal objetivo garantir o tratamento igualitário a todos os credores de uma empresa que enfrenta o procedimento recuperacional, na tentativa de coibir o benefício de alguns credores em detrimento de outros. Trouxe consigo, ainda, princípios que visam a preservação da empresa e de seus trabalhadores.

Percebe-se, portanto, que a legislação anterior visava, principalmente, a punição do autor do crime, enquanto a em vigor traz consigo a garantia da boa-fé nos negócios. Nas palavras de Nelson Abrão[2] "Ao devedor se impõe um tratamento igual aos credores, salvo a título legal à preferência (CC. art. 1556): a *par conditio creditorum*, princípio básico do procedimento falimentar".

Da interpretação do já citado artigo 172, verifica-se que o núcleo do tipo penal consiste na conduta de dispor, onerar ou gerar obrigações. Explica-se.

O "ato de disposição" deve ser compreendido como aquele voltado à transferência de parcela do patrimônio à empresa; é, por exemplo, a venda.

O "ato de oneração", por sua vez, diz respeito à conduta de aplicar um ônus sobre um bem em favor de determinado credor ou credores, beneficiando-os. É a imposição de um ônus real

[2] ABRÃO, Nelson. **Curso de Direito Falimentar.** 5ª ed. rev., atual. e amp. por Carlos Henrique Abrão. São Paulo: LEUD, 1997, p. 389-390.

sobre ativo dado em garantia à satisfação do crédito ou limitando, ainda que parcialmente, o direito de propriedade; é, por exemplo, a constituição de ônus real, usufruto sobre o bem etc.

Por fim, o "ato gerador de obrigação" implica a concessão de determinados direitos a um ou mais credores que, em função disso, assumem a possibilidade de exigi-los, gerando a redução do patrimônio da empresa devedora; é, por exemplo, o contrato pactuado entre as partes que, de alguma forma, tem como consequência privilegiar determinado credor(es) em detrimento de outro(s).

Ademais, conforme será explicado ao longo do presente trabalho, a prática dos atos previstos no tipo penal não caracteriza, por si só, a conduta delitiva. É imprescindível, para que haja o enquadramento no tipo penal, que a conduta seja realizada com dolo específico, ou seja, com a finalidade de prejudicar os demais credores.

1.2. Sujeitos ativos, passivos e consumação do crime

O sujeito ativo é aquele quem pratica, nas condições estabelecidas pelo artigo 172, os atos neles estabelecidos. Trata-se de crime próprio – eis que se exige que o agente possa praticar os atos incriminados – e somente poderá ser cometido pelo devedor ou pelo administrador de pessoa jurídica devedora, únicos agentes capazes de onerar ou dispor dos bens integrantes do patrimônio da empresa devedora.

Observa-se ainda que o artigo 172, em seu parágrafo único, traz a possibilidade de o credor ou de os credores, em conluio com o agente e beneficiando-se do ato de disposição ou oneração, incidirem no mesmo tipo penal. Segundo Marcelo Barbosa Sacramone, tal fato, entretanto, "(...) não impede que terceiros pratiquem a conduta como coautores, ou possam participar, auxiliar ou instigar o cometimento do delito, como partícipes"[3].

[3] SACRAMONE, Marcelo Barbosa. **Comentários à Lei de Recuperação de Empresas e Falência**. 2ª ed. São Paulo: Saraiva Educação, 2021, p. 663.

O sujeito passivo, por sua vez, é a coletividade de credores da empresa devedora, que será prejudicada pela prática de tal conduta. Isso porque, a prática dos núcleos do tipo penal poderá tanto reduzir os ativos da empresa devedora, como majorar os créditos sujeitos ao procedimento.

Nessa toada, pode-se dizer que não só a coletividade de credores será prejudicada, mas também a administração da justiça como um todo, eis que a prática de tal crime vai de encontro a um dos principais pilares de sustentação dos regimes da crise empresarial: a necessidade de satisfação dos créditos, de modo igualitário, em favor da coletividade de credores da empresa devedora.

Por outra ponta, é de se destacar que a configuração do delito pode ser bastante complexa. Em primeiro lugar, faz parte da rotina da maioria das empresas devedoras realizar movimentações econômico-financeiras numerosas. Por essa questão, a linha que separa a licitude da ilicitude da conduta dos agentes é bastante tênue se não analisada de forma completa e pormenorizada, o que poderá trazer uma complexidade para que haja efetiva configuração.

Assim, não se deve perder de vista que atos e fatos que não tenham, por si só, finalidade fraudulenta, não poderão ser enquadrados no tipo penal. Nesse sentido, esclarece Guilherme Alfredo de Moraes Nostre:

> Se as condutas forem praticadas com propósito empresarial, evidentemente, não haverá crime. Assim, se o devedor hipotecar bem em favor de instituição financeira para obter redução da taxa de juros incidente sobre suas atividades financeiras, ainda que tenha criado ônus que favorece um credor, não se configura o delito. [4]

[4] Guilherme Alfredo de Moraes Nostre, Art. 172. In: SOUZA JÚNIOR, Francisco Satiro de; PITOMBO, Antônio Sérgio Altieri de Moraes (coords.). **Comentários à Lei de Recuperação Judicial e Falência**, p. 547.

Depreende-se dessa forma que a mera alienação, imposição de ônus ou contração de obrigações, atos previstos no próprio *caput* do artigo, por si só, não configuram o delito.

É imprescindível para que haja a consumação do delito, portanto, que a conduta adotada seja realizada com o dolo específico de prejudicar o credor ou a coletividade de credores; é necessário que haja intenção, consciência, finalidade específica de macular ou, ainda, que seja praticada uma influência para que um terceiro o faça. Nas palavras de Sacramone:

> As condutas precisam ser realizadas pelo agente com o objetivo de reduzir o seu patrimônio pessoal e de, com isso, impedir ou dificultar a satisfação dos demais credores. O crime se consuma pela realização do ato pelo devedor com essa consciência, ainda que o efetivo prejuízo aos credores não seja causado.[5]

Assim sendo, ainda que não haja um efetivo prejuízo ao credor ou à coletividade de credores, o crime se consumará pela mera realização de um ou mais atos descritos no tipo, desde que efetivamente demonstrada a finalidade específica do sujeito ativo de beneficiar algum(uns) credor(es) em detrimento de outro(s).

Importante esclarecer ainda, que tratando-se de crime de mera conduta – ou seja, segundo Damásio de Jesus, àquele em que "o legislador só descreve o comportamento do agente"[6] – portanto, não se admite sua modalidade na forma tentada, eis que o delito se consuma no exato momento em que a conduta é praticada, nas condições já descritas.

[5] SACRAMONE, Marcelo Barbosa. **Comentários à Lei de Recuperação de Empresas e Falência**. 2ª ed. São Paulo: Saraiva Educação, 2021, p. 663.

[6] JESUS, Damásio de. **Direito Penal – Parte Geral**. 20 ed. São Paulo: Saraiva, 1997. v. 1, p. 156.

1.3.. Condição objetiva de punibilidade

De acordo com o conceito predominante, crime é a ação típica, jurídica e culpável, cumulativamente. Nesse sentido, corrobora Guilherme de Souza Nucci:

> Crime, no conceito analítico é fato típico, antijurídico e culpável. Não importando a corrente (causalista, finalista ou funcionalista), o delito tem três elementos indispensáveis à sua configuração, dando margem à condenação. Sem qualquer um deles, o juiz é obrigado a absolver.[7]

Em apertada síntese, fato típico é o fato incriminador, que está previsto em lei; é a adequação da conduta à norma. O ato antijurídico, por sua vez, diz respeito à violação ao ordenamento jurídico. Por fim, o ato culpável diz respeito à manifestação contrária à sociedade, havendo um juízo valorativo. Com relação a esse último, Nucci o define como:

> (...) um juízo de reprovação social, incidente sobre o fato e seu autor, devendo o agente ser imputável, atuar com consciência potencial de ilicitude, bem como ter a possibilidade e a exigibilidade de atuar de outro modo, seguindo as regras impostas pelo Direito.[8]

Parte integrante do fato punível, entretanto, é a condição objetiva de punibilidade, que pode ser entendida como aquela que determinará a aplicação (ou não) da pena pelo Estado, eis que exigida pela lei para que assim seja. Ou seja, ainda que exista a conduta delituosa, deve-se entender se o sujeito ativo

[7] NUCCI, Guilherme Souza. **Manual de Direito Penal – Parte Geral – Parte Especial**. 9ª Edição. São Paulo; Editora Revista dos Tribunais, 2013, p. 117.

[8] NUCCI, Guilherme Souza. **Manual de Direito Penal – Parte Geral – Parte Especial**. 9ª Edição. São Paulo; Editora Revista dos Tribunais, 2013, p.308.

poderá ser punido e se existe no tipo penal uma delimitação sobre a possibilidade de incriminação, condicionando essa a uma condição externa ao crime.

Nesse sentido, Sacramone afirma que "A condição objetiva de punibilidade é o elemento que, embora exterior ou sem nenhuma ligação com a conduta descrita no tipo penal, pressupõe sua ocorrência para possibilitar o *jus puniendi* estatal."[9]

A condição objetiva de punibilidade, também trazida pela LRF, imprescindível para que todos os crimes a ela relacionados sejam punidos, incluindo o tipo objeto do presente trabalho, tem sua previsão no artigo 180 do referido texto legal, que dispõe que a sentença que decreta a falência, concede a recuperação judicial ou a recuperação extrajudicial de que trata o art. 163 da referida Lei, é condição objetiva de punibilidade das infrações penais descritas nesta Lei.

Tem-se, portanto, que para que o sujeito seja punido pelos crimes previstos na legislação supracitada, é necessário que a sentença que decrete a falência, conceda a recuperação judicial ou, ainda, homologue o plano de recuperação extrajudicial, já tenha sido proferida. De outro modo, não terá o Estado legitimidade para punir, eis que ausente requisito legal para tanto.

1.4. Controvérsias e problematização

Do tópico acima, extraiu-se que são condições objetivas da punibilidade para que se caracterize a prática de crime, três elementos: a decretação da falência, a concessão da recuperação judicial ou a homologação do plano de recuperação extrajudicial. Tendo em vista o tema objeto do presente estudo, merece enfoque a concessão da recuperação judicial como condição objetiva da punibilidade para configuração do crime de favorecimento de credores.

[9] SACRAMONE, Marcelo Barbosa. **Comentários à Lei de Recuperação de Empresas e Falência**. 2ª ed. São Paulo: Saraiva Educação, 2021, p. 670.

Para discorrer sobre as controvérsias e problematizações do que foi explorado até aqui, é necessário ter em mente, inicialmente, que a tomada de decisão, por uma empresa devedora, quanto ao ingresso de um processo de recuperação judicial, não acontece de forma repentina. Ao contrário. Antes que seja tomada tal decisão, é importante que haja o discernimento do gestor da empresa quanto à chegada de um desequilíbrio econômico-financeiro, fluxo de caixa negativo, perda de liquidez, visão de cenário macro e microeconômico etc.

A tomada da decisão envolve, ainda, a preocupação dos gestores quanto à "imagem" da empresa devedora caso ingresse com o pedido perante os seus clientes, parceiros, concessores de crédito, dentre outros.

Previamente à tomada de decisão pelo ingresso da recuperação judicial e durante o próprio curso do processo, é preciso que se atentar, ainda, para o fato de que a atividade empresarial desenvolvida não cessa, diferentemente da falência, por exemplo. A empresa devedora, que ingressa com o pedido, continua com as suas operações (ainda que mais escassas e com maiores dificuldades), cumprindo assim um dos principais princípios trazidos no bojo da LRF, qual seja, a manutenção da atividade empresarial[10].

É preciso observar que, em tese, existem prazos limites estabelecidos quando da interpretação da lei para que haja a concessão da recuperação judicial, visando dar início, de forma breve, ao cumprimento das obrigações previstas no plano apresentado e consequente pagamento da coletividade de credores, que anseiam pelo recebimento de seus créditos.

[10] Nesse sentido é o art. 47 da LRF que dispõe que "A recuperação judicial tem por objetivo viabilizar a superação da situação de crise econômico-financeira do devedor, a fim de permitir a manutenção da fonte produtora, do emprego dos trabalhadores e dos interesses dos credores, promovendo, assim, a preservação da empresa, sua função social e o estímulo à atividade econômica."

De forma simplificada, consoante estabelece o artigo 56, *caput*, da LRF, o plano de recuperação judicial deverá ser apresentado pela empresa devedora no prazo improrrogável de 60 (sessenta dias) contados a partir da publicação da decisão que deferir o processamento de sua recuperação judicial. Soma-se a isso, o fato de que a mesma lei estabelece que os credores terão o prazo de 30 (trinta) dias, a ser contabilizado a partir de outro artigo estabelecido pela legislação (art. 7º, § 2º) para apresentarem suas objeções ao plano de recuperação judicial. Havendo objeção de qualquer credor, o juiz convocará a Assembleia Geral de Credores, para que haja a deliberação sobre o Plano de Recuperação Judicial, a qual deverá ocorrer em até 150 (cento e cinquenta) dias contados a partir do deferimento da Recuperação Judicial.

Caso os credores optem pela aprovação do plano de recuperação judicial apresentado, o juiz enfim decidirá, em juízo, pela concessão (ou não) da recuperação judicial da empresa devedora, surgindo a partir disso, portanto, a condição objetiva de punibilidade prevista no artigo 180 da LRF.

Extrai-se das informações elencadas que desde o período turbulento que antecede o efetivo ingresso do processo de recuperação judicial pela empresa devedora – mas que os gestores por vezes já optaram por seguir tal caminho – até a prolação da sentença que concede a recuperação judicial (repita-se, condição objetiva de punibilidade estabelecida pelo já comentado artigo 180 da legislação), decorrerá não menos que 150 (cento e cinquenta) dias.

Merece atenção o lapso temporal ora mencionado. Parece ser demasiadamente extenso o tempo entre a possibilidade da prática da conduta ilícita pelo agente e a possibilidade de repressão pelo Estado. Tal fato, por certo, dificultará o diagnóstico do crime em tela, especialmente se for cometido nos primórdios do ingresso da recuperação judicial pela empresa devedora.

Em outras palavras, ainda que haja a perfeita consumação do crime pelo agente, o ato praticado só poderá ser punido quando da existência de um evento futuro e, por vezes, até mesmo incerto, como é o caso da sentença concessória. Trata-se, por assim dizer, de um evento futuro, incerto, independente da conduta praticada e que poderá gerar, dada a morosidade para sua concretização, uma dificuldade probatória desnecessária.

Ademais, como dito alhures, é comum que as empresas pratiquem atos de disposição, oneração ou geradores de obrigação quando buscam reorganizar-se econômica e financeiramente, ainda que antes do efetivo ingresso de um procedimento recuperacional, buscando a restruturação de sua atividade empresarial e superação da sua momentânea crise, podendo ser realizadas, por exemplo, operações societárias, negócios jurídicos, acordos com parceiros etc. Nesse sentido:

> Muitas vezes o devedor assim procede a fim de evitar a caracterização de um delito autônomo: é o caso, por exemplo, do empresário que, tendo em seu poder adiantamentos para mercadorias, deles lança mão para outros fins. Na ânsia de escapar aos processos criminais por apropriação indébita, passa a vender a terceiros até mesmo bens instrumentais do estabelecimento (máquinas, utensílios), que fazem os pagamentos aos credores do devedor; ou, então, efetua o devedor dação em pagamento com bens que não correspondem aos previstos em contrato.[11]

De certo, não deve ser analisada, por si só, a eventual prática dos verbos dispostos no artigo em análise, haja vista que se trata de atos corriqueiros no cotidiano de um empresário. O ponto primordial e divisor de águas entre a licitude e a ilici-

[11] Abrão, Nelson. Curso de Direito Falimentar. 5ª ed. rev., atual. e amp. por Carlos Henrique Abrão. São Paulo: LEUD, 1997, p. 390.

tude da conduta está na finalidade específica. Há que se levar em consideração, para que haja a efetiva caracterização do crime, que tais atos sejam praticados com o dolo específico de prejudicar o credor ou a coletividade de credores. Verifica-se, dessa forma, que em uma situação concreta, a distinção entre a prática de um ato que possui finalidade fraudulenta e a prática de um mesmo ato que não possui finalidade fraudulenta pode ser razoavelmente obscura, sendo esse mais um ponto de bastante complexidade com relação ao crime tela.

Remanesce a discussão, ainda, de que a prática dos atos dispostos no artigo 172 da LRF, desde que não realizados no âmbito de uma recuperação judicial concedida judicialmente (a qual, como já visto, terá como lapso temporal o período mínimo de cento e cinquenta dias), tratar-se-ão de meras condutas praticadas, as quais não poderão ser puníveis, por falta de condições objetivas de punibilidade. Nesse mesmo sentido, Miguel Reale Júnior defende que a condição objetiva imposta não integraria a vontade do agente.[12]

Da análise elaborada, a configuração do crime de favorecimento de credores, portanto, pode ser muito complexa, dada essa exigência para que o crime se configure. Isso porque, as condutas de "dispor", "onerar" ou "gerar obrigação", dispostas no tipo penal, por si só, não se vinculam à condição objetiva de punibilidade prevista no artigo 180 da LRF, podendo ser praticadas antes ou depois da concessão da recuperação judicial da empresa devedora.

Com a condição objetiva de punibilidade trazida pela LRF e diante de todas as questões que a envolve, pode-se dizer que haverá uma considerável redução da punibilidade de agentes que supostamente figurem como autores da modalidade do crime de favorecimento de credores.

[12] REALE JÚNIOR, Miguel. **Instituições de direito penal – Parte Geral**. v.2. Rio de Janeiro: Forense, 2002. p. 229.

Dada a condição estabelecida para que o Estado possa exercer o seu poder repressor e ainda que a conduta tenha sido praticada anteriormente a ela, a ação penal só poderá se iniciar após o seu implemento, pois antes de tal fato, a conduta não se caracterizará como crime. Nas palavras de Rodolfo Soares dos Reis:

> É que se encontra ínsita à conceituação de 'condição objetiva de punibilidade' uma função político-criminal de limitação do poder coercitivo estatal, ao encerrar a punibilidade que, regra geral, emana da verificação de um injusto culpável.[13]

Vê-se, portanto, um aparente descompasso entre o anseio pela perfeita manutenção da ordem jurídica de um procedimento recuperacional e a dificuldade que existe para penalizar os agentes. Além disso, quando da aplicação da sanção, o aplicador da lei poderá ser ver diante de uma dúvida um tanto ameaçadora ao analisar se o delito praticado pelo agente teve, de fato, o condão de prejudicar os credores, ante as características dos atos comumentemente adotados por um empresário que busca se reerguer diante de um período financeiro turbulento, como é o caso de um procedimento de recuperação judicial.

Não obstante, segundo preceitua Sacramone, "a reforma ou a anulação da sentença que conceder a recuperação judicial à empresa devedora torna a conduta descrita no tipo penal impunível."[14] Ou seja, se um sujeito comete, de fato, o crime em tela, a conduta não poderá ser punida caso a sentença de concessão seja anulada por quaisquer motivos, ainda que completamente independentes da conduta do agente. E não pode, justamente, porque enquanto não realizado o evento condicio-

[13] Reis, Rodolfo Soares. **Crime falencial e competência material.** Curitiba: Juruá, 2013. p. 49.

[14] Sacramone, Marcelo Barbosa. **Comentários à Lei de Recuperação de Empresas e Falência**. 2ª ed. São Paulo: Saraiva Educação, 2021, p. 655.

nante, ou seja, a sentença concessória, o próprio tipo penal não poderá se aperfeiçoar.

Embora tenha tido o legislador o cuidado de readequar as condutas praticadas no atual artigo 172 da LRF, com o intuito de coibir o benefício de alguns credores em detrimento de outros, não se pretendeu incriminar o agente sob qualquer hipótese. Em sentido oposto à sua intenção, remanesce a clara dificuldade em adequar perfeitamente o agente ao tipo penal, tornando delicada a questão da prova, uma vez que se exige que o núcleo do tipo penal seja praticado com o intuito de prejudicar os demais credores. A sua configuração se demonstra, de certa forma, incompatível com a diversidade de características das condutas descritas no próprio tipo penal.

Verifica-se, ainda, a falta de razoabilidade quanto à condição objetiva de punibilidade imposta pela legislação, gerando uma morosidade com relação à prática de uma eventual conduta repressora por parte do Estado, o que também poderá dificultar o efetivo enquadramento do agente ao tipo penal.

Assim sendo, não parece coerente ser a concessão da recuperação judicial uma das condições objetivas de punibilidade para configuração do crime de favorecimento de credores. Mereceria não só o crime em tela, como também as condições para sua configuração, portanto, maior atenção quando da formação do texto pelo legislador, delimitando suas características mínimas e contornos, a fim de que o aplicador da lei veja reduzidos os conflitos, por vezes subjetivos, de todos os elementos existentes no tipo penal em estudo. Além disso, o evento condicionante trazido pelo art. 180 da LRF também merece atenção, uma vez que abre a possibilidade para que o delito, ainda que seja praticado com a intenção de favorecer os credores em detrimento dos demais, se perpetue no tempo, podendo deixar em aberto ou dificultar, ainda mais, a sua configuração, sem que sua responsabilidade seja creditada ao agente, que nada sofrerá.

2. Condenação criminal e seus efeitos

Encerrando a análise do tipo penal objeto do presente estudo, necessário analisar a sanção penal nele prevista.

Afere-se do texto do artigo 172 da LRF, que o legislador optou por empregar pena de reclusão, de 2 (dois) a 5 (cinco) anos e multa ao agente, de forma cumulativa. No que se refere a este tipo de sanção, Amador Paes de Almeida afirma que:

> A pena de detenção, conquanto restritiva de liberdade, é inegavelmente mais branda que a de reclusão, por isso que não impõe ao condenado período de isolamento, admitindo o sursis, ou seja, o livramento condicional. A pena de reclusão, ao revés, é mais grave, pois, além de impor ao indivíduo um período de isolamento (art. 30 do CP), só excepcionalmente admite sursis.[15]

Trata-se a pena de reclusão imposta no bojo do art. 172 da LRF, de uma consequência primária da sentença condenatória. Os efeitos da condenação por tal crime, previstos no artigo 181[16] da mesma legislação, por sua vez, são produzidos de forma secundária, impondo ao(s) condenado(s) determinados encar-

[15] ALMEIDA, Amador Paes. **Curso de falência e concordata.** 10. ed. São Paulo: Editora Saraiva, 1991. p. 452;

[16] *In verbis*: Art. 181. São efeitos da condenação por crime previsto nesta Lei:
I – a inabilitação para o exercício de atividade empresarial;
II – o impedimento para o exercício de cargo ou função em conselho de administração, diretoria ou gerência das sociedades sujeitas a esta Lei;
III – a impossibilidade de gerir empresa por mandato ou por gestão de negócio.
§ 1º Os efeitos de que trata este artigo não são automáticos, devendo ser motivadamente declarados na sentença, e perdurarão até 5 (cinco) anos após a extinção da punibilidade, podendo, contudo, cessar antes pela reabilitação penal.
§ 2º Transitada em julgado a sentença penal condenatória, será notificado o Registro Público de Empresas para que tome as medidas necessárias para impedir novo registro em nome dos inabilitados.

gos, sendo eles: a inabilitação para o exercício da atividade empresarial; o impedimento para o exercício de cargo ou função em conselho de administração, diretoria ou gerência das sociedades sujeitas à Lei; e, a impossibilidade de gerir empresa por mandato ou por gestão de negócio. Frisa-se que tais efeitos poderão ser aplicados de forma cumulativa ou individualmente.

Conforme dispõe o seu § 1º, ainda, tais efeitos não são automáticos, devendo ser motivadamente declarados na sentença condenatória, perdurando até 5 (cinco) anos após a extinção da punibilidade, podendo ser extintos antes desse prazo, pela reabilitação.

Além dos efeitos ora previstos, preceitua Guilherme Alfredo de Moraes Nostre que:

> (...) são também efeitos da condenação por crimes tipificados nesta Lei, os efeitos genéricos previstos no art. 91 do CP: tornar certa a obrigação de indenizar o dano causado pelo crime, a perda em favor da União dos instrumentos do crime e dos produtos e proventos do crime.[17]

Com o intuito de garantir a eficácia dos efeitos, ainda, o § 2º do já citado artigo 181, por sua vez, determina que transitada em julgado a sentença penal condenatória, o Registro Público de Empresas será notificado para que tome as medidas necessárias para impedir novo registro em nome dos inabilitados.

[17] SATIRO, Francisco (coord.). **Comentários à Lei de recuperação de empresas e falência: Lei 11.101/2005**. 2. ed. São Paulo: Editora Revista dos Tribunais, 2007. p. 704 p. Disponível em: <https://edisciplinas.usp.br/pluginfile.php/1759229/mod_resource/content/2/Comentarios%20a%20Lei%20de%20Recuperacao%20de%20empresas%20-%20completo.pdf.> Acesso em: 11 out. 2021.

2.1. Controvérsias e problematização

Quando da análise tanto da pena imposta pela prática do crime de favorecimento de credores, percebe-se, uma vez mais, que o legislador buscou coibir atos que visem o favorecimento de credores em detrimento de outros, punindo aquele que agir em desfavor à boa ordem do processo de recebimento dos créditos.

Não à toa, impôs a pena de reclusão aos agentes que sejam enquadrados ao tipo penal. Frisa-se que somente os crimes considerados mais graves são puníveis com pena de reclusão, reservando-se a detenção, por exemplo, aos delitos de menor gravidade.

Para além da pena de reclusão, que poderá chegar até 5 (cinco) anos, viu-se que existem efeitos secundários à condenação, os quais perdurarão por até 5 (cinco) anos após a extinção da punibilidade.

Uma vez mais, não parece plausível que, ao mesmo tempo em que a LRF adota posição rigorosa quanto à sanção ao agente que comete o crime de favorecimento de credores, dificulte ou até mesmo impeça a sua tipificação, trazendo condições que chegam a ser incoerentes se comparadas com as razões pelas quais o crime veio a ser tipificado.

Ainda que louvável a tentativa do legislador em trazer uma maior seriedade a todo o procedimento recuperacional com a aplicação de penas tão rígidas, no intuito de que se busque um resultado útil do processo, extrai-se da análise do crime em tela que dificilmente um agente que o pratique será efetivamente condenado pela sua prática, seja pela dificuldade em provar sua intenção ou, ainda, pela dificuldade de provação da conduta, dada a possibilidade de um extenso lapso temporal para possibilidade de uma atuação repressora.

3. Competência jurisidicional

O juízo competente para julgar tanto o crime em comento, como os demais crimes previstos na LRF, artigos 168 *usque* 178, encontra previsão em seu artigo 183[18] e preceitua que compete ao juiz criminal da jurisdição onde tenha sido decretada a falência, concedida a recuperação judicial ou homologado o plano de recuperação extrajudicial, conhecer da ação penal pelos crimes previstos na lei em referência.

Entretanto, ainda é mantido o juízo recuperacional para processar e julgar os crimes supramencionados em alguns Estados Federativos, como é o caso, por exemplo, do Estado de São Paulo, que, por intermédio do artigo 15 da Lei Estadual nº 3.947, de 8 de dezembro de 1983 – Código Judiciário de São Paulo, regulada pelo advento da Resolução 200/2005 do Tribunal de Justiça do Estado de São Paulo, de 31 de março de 2005 que, ao criar as Varas Especializadas de Falência e Recuperação Judicial, atribuiu-lhes a competência para o julgamento dos processos criminais previstos na LRF.

Nesse sentido, ainda, foi o posicionamento do Supremo Tribunal Federal quando do julgamento do Recurso em Habeas Corpus nº 63.787-6/SP[19], que preceituou que "As ações por crime falimentar e as que lhes sejam conexas passam para a competência do respectivo juízo universal da falência".

Aos que defendem a lógica e sistemática da competência do juízo universal e a inconstitucionalidade da normal, ainda, tal argumento teria sua validade reconhecida também pela redação do artigo 125, § 1º[20], da Constituição Federal, bem como pelo

[18] *In verbis*: Art. 180. A sentença que decreta a falência, concede a recuperação judicial ou concede a recuperação extrajudicial de que trata o art. 163 desta Lei é condição objetiva de punibilidade das infrações penais descritas nesta Lei.

[19] Disponível em <https://redir.stf.jus.br/paginadorpub/paginador.jsp?docTP=AC&docID=100629>. Acesso em: 12 out. 2021.

[20] "Art. 125. Os Estados organizarão sua Justiça, observados os princípios estabelecidos nesta Constituição.
§ 1º – A competência dos tribunais será definida na Constituição do Estado, sendo a lei de organização judiciária de iniciativa do Tribunal de Justiça."

artigo 74, *caput*[21], do Decreto-Lei 3.684/41 – Código de Processo Penal, os quais preveem, respectivamente, que a competência dos tribunais será definida na Constituição do Estado, sendo a Lei de Organização Judiciária de iniciativa do Tribunal de Justiça e que a competência pela natureza da infração será regulada, também, pelas Leis de Organização Judiciária.

Dessa forma, extrai-se da interpretação de tais artigos que ficaria a cargo dos Estados e do Distrito Federal em suas respectivas Leis de Organização e Divisão Judiciárias, definirem a sua competência.

No mesmo sentido, ainda, é a posição de especialistas sobre o assunto, sob a justificativa de que o juízo universal, mais próximos da realidade e da complexidade envolvida nos processos de tal natureza, pode exercer de forma mais breve e eficaz a atividade jurisdicional. Veja-se:

> Impende esclarecer, ademais, que as Leis de Organização e Divisão Judiciárias dos Estados ao estenderem ao juízo cível da falência e da recuperação judicial a competência, também, para o julgamento dos crimes falenciais não estão, necessariamente, atribuindo a juízos extrapenal (sic) competência sobre matéria criminal, e sim, investindo aquele juízo de especial competência criminal, a fim de que, mais afetos com a complexa matéria de que se revestem os delitos daquela natureza, possam exercer mais célere e eficazmente a indispensável atividade jurisdicional.[22]

Essa norma, na verdade, é inconstitucional. Cabe à lei estadual de organização judiciária definir a competência para a ação penal

[21] Art. 74. A competência pela natureza da infração será regulada pelas leis de organização judiciária, salvo a competência privativa do Tribunal do Júri.

[22] Reis, Rodolfo Soares dos. **Crime falencial e competência material: recebimento da ação penal após as Leis 11.101/05 e 11.719/08**. 1. ed. Curitiba: Editora Juruá. 2013, p. 193.

> por crimes falimentares. Na distribuição de competências que a Constituição estabelece, não é da União, mas sim dos Estados, a de estruturar os serviços judiciários, definindo que órgãos serão criados e com qual competência jurisdicional.[23]

Em sentido diametralmente oposto, há quem defenda[24] que o juízo criminal seria o único apto a julgar e processar os referidos delitos, atribuindo perfeita legalidade e aplicação do artigo 183 da LRF, sob diversas justificativas, dentre elas, a de que não seria razoável a acumulação, por parte do juízo universal, das funções de persecução penal, eis que matérias absolutamente distintas.

Outro ponto levado em consideração, foi o de que o julgamento de um crime, pelo juízo universal, envolvido com a crise que assola o devedor e, ainda, com todas as consequências oriundas de tal fato, poderia comprometer a sua neutralidade. Nesse sentido:

> O devido processo penal impunha que as ações penais fossem julgadas por magistrado com neutralidade e independência, o qual não estivesse em contato com o processo falimentar ou de recuperação. No caso da lei atual, esse aspecto se acentua, na medida em que várias infrações penais se destinam à tutela do próprio processo falimentar, protegendo a administração da justiça. Seria um absurdo deixar que o acusado de prestar informações falsas no processo de falência, com o fim de induzir a erro o

[23] Coelho, Fábio Ulhoa. **Comentários à Lei de Falências e de Recuperação de Empresas.** 11 ed. rev., atual. e ampl. Ed. São Paulo: Revista dos Tribunais, 2016, p. 143.

[24] Nesse sentido, Pitombo, Antônio Sérgio A. de Moraes. Comentários ao art. 183. In: Souza Jr., Francisco Satiro de; Pitombo, Sérgio A. de Moraes (coords.). **Comentários à Lei de Recuperação de Empresas e Falência**. 2. Ed. São Paulo: Revista dos Tribunais, 2007, p. 575-576.

juiz (art. 171 da Lei 11.1/2005), viesse a ser julgado pelo mesmo juiz que se sentiu enganado.[25]

E na mesma linha de raciocínio, preceitua Sacramone:

> Embora a Lei estadual paulista, que atribuiu competência criminal ao juízo da falência ou recuperação, tenha sido considerada constitucional, por falta de vício formal, não convém a cumulação de funções. De fato, o envolvimento do Juiz Universal com a crise econômico-financeira do devedor, com a insatisfação dos créditos e com a regularidade do procedimento para a qual deveria zelar poderia comprometer sua neutralidade. O juiz da falência ou da recuperação poderá não ter a imparcialidade necessária para o julgamento dos crimes falimentares.[26]

Por sua vez, Marlon Tomazette faz um apanhado quanto às posições dos mais renomados e respeitados especialistas sobre o tema:

> José da Silva Pacheco, Waldo Fazzio Junior, Ricardo Andreucci, Roberto Podeval, Paula Kahan Mandel Hakim, Marcelo Piacitelli, Leonardo Musumecci Filho, Antonio Sérgio Pitombo, Renato de Mello Jorge Silveira, Beatriz Vargas e Denis Pestana entendem que a ação penal não poderá ser processada no juízo da falência, mas no criminal, revogando inclusive as normas de organização judiciária em sentido contrário. Embora não afirme taxativamente, Ricardo Berenguer parece concluir que o melhor seria o julga-

[25] PITOMBO, Antônio Sérgio A. de Moraes. Comentários ao art. 183. In: SOUZA JR., Francisco Satiro de; PITOMBO, Sérgio A. de Moraes (coords.). **Comentários à Lei de Recuperação de Empresas e Falência**. 2. Ed. São Paulo: Revista dos Tribunais, 2007, p. 575-576.

[26] SACRAMONE, Marcelo Barbosa. **Comentários à Lei de Recuperação de Empresas e Falência.** 2ª ed. São Paulo: Saraiva Educação, 2021, p. 674-675.

mento pelo juízo criminal. A conclusão desses autores é que a lei de organização judiciária não poderia eliminar, nem alterar, a divisão entre jurisdição civil e penal. Fabio Ulhoa afirma que tal dispositivo seria inconstitucional por invadir as competências dos entes federados sobre a organização judiciária. Arthur Miliagri Junior, Ricardo Negrão, Manoel Justino Bezerra Filho afirmam que, apesar do texto da lei de falências, nada impede que a lei de organização judiciária atribua a competência à vara especializada.[27]

No entanto, em que pese a existência de diversos posicionamentos contrários, verifica-se que apesar da competência do juízo criminal trazida pelo artigo 183 da LRF para julgar os crimes nela previstos, a sua fixação é matéria de procedimento, nos termos da Constituição Federal, de modo que não haveria nenhuma ilegalidade quanto a aplicabilidade da Lei de Organização Judiciária de cada Estado da Federação e possível atribuição da competência ao juízo universal.

3.1. Controvérsias e problematização

De tais incongruências, questiona-se se a competência atribuída ao juízo universal seria, de certa forma, razoável.

Há de se ter em mente, inicialmente, que embora objeto de grande controvérsia, o artigo 183 da LRF foi extremamente claro ao excluir a competência do juízo falencial e recuperacional para julgar os crimes previstos nessa legislação. Não há, no texto da lei, possível interpretação dúbia, passível de dúvida ou confusão. Se a lei federal, quando da sua elaboração, tivesse cogitado conferir ao juízo recuperacional e falimentar, competência para julgar e processar a infrações nela previstas, certamente a redação do referido artigo teria sido outra.

[27] TOMAZETTE, Marlon. **Curso de direito empresarial: falência e recuperação de empresas.** 1. ed. São Paulo: Atlas, 2011, p. 558

Não obstante, é fato que o juízo criminal está muito mais familiarizado com as peculiaridades do direito material e processual penal e os critérios adotados na legislação. É quem está efetivamente mais capacitado a, por exemplo, definir os critérios utilizados quando da aplicação da dosimetria de uma pena, observando os direitos e as garantias constitucionalmente assegurados a cada indivíduo, verificar a consistência da acusação, avaliar provas e necessária condenação etc.

A lógica utilizada pelo magistrado responsável por um procedimento recuperacional, entretanto, é completamente diferente. Nesse caso, o juiz deverá envidar esforços para o efetivo soerguimento da empresa, manutenção da atividade empresarial, satisfação dos créditos de forma lícita etc.

A conduta tipificada no artigo 172 da LRF tem repercussão social e econômica e sua prática fere um dos princípios basilares de um procedimento recuperacional, qual seja, o princípio da *par condictio creditorum*, como já explanado. Não parece razoável, então, que o acusado de prejudicar o interesse dos credores no concurso universal e, consequentemente, o andamento do feito, viesse a ser julgado pelo mesmo juiz responsável pela causa.

Se a conduta de favorecimento de credores for praticada, por exemplo, pelo próprio devedor, como poderá o acusado ser julgado pelo mesmo juízo que, acreditando no potencial soerguimento da empresa e que, quando do ingresso do pedido, optou por deferir e conceder a sua recuperação judicial?

Não se pode negar o envolvimento do magistrado com a crise econômico-financeira que assola o devedor, com a manutenção da atividade empresarial e todas as suas consequências (manutenção de empregos, bens ou serviços, tributos etc.) e, principalmente, com a regularidade do procedimento.

A existência de varas especializadas à matéria atinente ao presente trabalho, como é o caso de São Paulo, de certo faz com que os juízes atuem de forma incisiva, podendo ser constatado, ainda no curso do procedimento, diversas irregularidades ou até mesmo fatos indiciários que poderão guardar relação com a conduta ilícita.

Nesse sentido, em decisão recente e inovadora, foi o entendimento do juiz da 2º Vara Cível da Comarca de Araras (SP), responsável pela condução da recuperação judicial da empresa Montex Montagem Industrial Ltda., por meio da qual reconheceu sua falta de imparcialidade para julgamento do processo criminal e reconheceu-se suspeito. Veja-se as razões expostas:

> "(...) Isso porque este juízo atuou e atua de forma incisiva no feito atinente à falência da MONTEX, tendo constatado as diversas irregularidades no ensejo da condução processual, além de amealhar todos os elementos indiciários sobre os quais se funda a denúncia ofertada. Desta feita, tenho por bem acolher a exceção para o resguardo do devido processo legal, que não poderá ser maculado por um juízo prévio acerca dos fatos, oriundo do processo falimentar ainda em curso."[28]

Ora, todas as questões supramencionadas podem gerar uma imparcialidade do juiz para efetivo julgamento do crime, ferindo importante princípio que decorre da Constituição Federal de 1988, que veda o juízo ou tribunal de exceção, na forma do artigo 5º, XXXVII, garantindo que o processo e a sentença sejam conduzidos pela autoridade competente que sempre será determinada por regras estabelecidas anteriormente ao fato sob julgamento, como se percebe pela leitura do artigo 5º, LIII.[29]

[28] BRASIL. Tribunal de Justiça do Estado de São Paulo (Comarca de Araras). Exceção de Suspeição – Fato Atípico nº 0003768-82.2021.8.26.0038. Excipiente: Antonio Sacilotto Junior. Juiz de Direito Matheus Romero Martins, 25 de novembro de 2021. Disponível em: <https://www.conjur.com.br/dl/0003768-8220218260038.pdf> Acesso em: 4 dez. 2021.

[29] Art. 5º Todos são iguais perante a lei, sem distinção de qualquer natureza, garantindo-se aos brasileiros e aos estrangeiros residentes no País

Corre-se o risco ainda, de que as decisões proferidas pelo juízo universal sejam extremamente sucintas e não fundamentadas, dado um possível descuido quando da aplicação do direito penal material e/ou processual. Nesse sentido:

> [...] é possível a previsão do julgamento dos crimes falimentares pela vara cível. Mantemos, no entanto, nossa avaliação da inconveniência dessa opção, pois, com raras exceções, muitas são as decisões condenatórias proferidas no juízo cível, ao cuidar dos delitos falimentares, extremamente sucintas, sem apego ao devido processo legal e olvidando princípios fundamentais do direito penal. Logo, o mais indicado seria o processo falimentar transcorrer no juízo criminal, que é especializado.[30]

Como já exposto, o crime de favorecimento de credores prevê pena de reclusão – a mais severa – de 2 (dois) a 5 (cinco) anos e multa. Poderá o juiz universal, tomado pelo sentimento de enganação ou, ainda, desprovido de conhecimento técnico para tanto, não se atentar a todos os critérios limitadores e garantistas estabelecidos para valoração da pena, nesse caso, considerada rígida dentro do sistema penal.

A possível inobservância dessas questões, a falta de imparcialidade ou, ainda, a falta de técnica, certamente prejudicará um dos dois lados da moeda: o sujeito ativo ou o sujeito passivo do crime.

a inviolabilidade do direito à vida, à liberdade, à igualdade, à segurança e à propriedade, nos termos seguintes:
(...)
XXXVII – não haverá juízo ou tribunal de exceção;
(...)
LIII – ninguém será processado nem sentenciado senão pela autoridade competente;

[30] Nucci, Guilherme de Souza. **Código de processo penal comentado.** 10. ed. rev., atual. e ampl. São Paulo: Revista dos Tribunais, 2011, p. 916.

Os objetivos de uma ação penal e de um procedimento recuperacional são absolutamente distintos. Ainda que seja claro e perfeitamente constitucional que a competência para organização judiciária seja dos Estados, a matéria é complexa e deveria ser analisada também sobre outras perspectivas, levando-se em consideração, principalmente, as circunstâncias aqui abordadas.

Por fim, necessário destacar que parece ilusória a concepção de que o magistrado responsável pelo andamento do procedimento recuperacional, envolvido com a crise da empresa, comprometido com a análise de todos os atos praticados no decorrer do processo para o bom andamento do feito e já com todos os pré-julgamentos realizados no decorrer do procedimento, possa colocar todos os seus sentimentos de lado, se libertar da ideia de cumprimento dos objetivos de uma recuperação judicial, para vestir a armadura de um magistrado que julgará um procedimento penal.

Conclusões

Como se viu, a dinâmica estabelecida pela Lei nº LRF certamente teve o intuito de ser inovadora e mais rigorosa com relação aos crimes nela previstos e às penas aplicáveis a cada um deles.

A pesquisa realizada visou compreender a previsão trazida com relação ao crime de favorecimento de credores, a qual, por certo, apesar de ter tido como objetivo garantir um tratamento paritário à coletividade de credores da empresa devedora, evitando-se dessa forma a prática de atos fraudulentos, traz consigo diversas problemáticas no que se refere a sua efetiva caracterização, dificuldade quanto à punibilidade do agente, evento condicionante e competência para julgamento.

O tema em questão, apesar de não sofrer muitas críticas dos mais conceituados doutrinadores sobre a matéria, reporta à análise da eficácia da aplicação da LRF. Isso porque, dada a certa "normalidade" quanto à prática das condutas previstas no art. 172 da referida legislação, acaba por existir uma linha muito tênue para se distinguir entre a tipicidade e a atipicidade do fato, a fim de comprovar o dolo específico do agente.

Nesse contexto, embora também quase que inexistentes maiores discussões, é de se levar em consideração a dificuldade de criminalização trazida pela condição objetiva de punibilidade, prevista no artigo 180 da supramencionada lei, sendo essa um evento condicionante que poderá acontecer tanto posteriormente ou, ainda, concomitantemente à execução do crime, podendo acarretar, na primeira hipótese, em um lapso temporal extenso, perpetuando-se no tempo e dificultando a prova do ato criminoso.

Averiguou-se, ademais, que muito embora existam posicionamentos doutrinários diversos – que se justificam pela falta de imparcialidade ou técnica –, os quais prezam pela perfeita aplicação do quanto disposto no artigo 183 da LRF, a questão em torno da competência jurisdicional para julgamento do crime foi devidamente assentada pela jurisprudência, que prestigia a constitucionalidade quanto à aplicabilidade da legislação local de organização judiciária, de forma que não haveria qualquer ilegalidade em se atribuir competência criminal ao juízo próprio da recuperação judicial.

Diante de tais argumentos, portanto, confirma-se a existência de nítidas incongruências relacionadas ao crime de favorecimento de credores quando da análise tanto das disposições previstas na LRF, como da sua efetiva aplicação e penalização do agente, ainda que tais problematizações não sejam tão debatidas e discordadas pelos mais renomados doutrinadores da área.

Referências

ABRÃO, Nelson. **Curso de Direito Falimentar**. 5ª ed. rev., atual. e amp. por Carlos Henrique Abrão. São Paulo: LEUD, 1997.

ALMEIDA, Amador Paes. **Curso de falência e concordata**. 10. ed. São Paulo: Editora Saraiva, 1991.

BEZERRA FILHO, Manoel Justino. **Lei de Recuperação de Empresas e Falências Comentada.** 4. ed. rev. ampl. e atual. São Paulo: Revista dos Tribunais, 2007.

COELHO, Fábio Ulhoa. **Comentários à Lei de Falências e de Recuperação de Empresas.** 11 ed. rev., atual. e ampl. São Paulo. Editora Revista dos Tribunais, 2016.

JESUS, Damásio de. **Direito Penal – Parte Geral**. 20 ed. São Paulo: Saraiva, 1997. v. 1.

NUCCI, Guilherme de Souza. **Código de processo penal comentado.** 10. ed. rev., atual. e ampl. São Paulo: Revista dos Tribunais, 2011.

NUCCI, Guilherme Souza. **Manual de Direito Penal – Parte Geral – Parte Especial**. 9ª Edição. São Paulo; Editora Revista dos Tribunais, 2013.

PITOMBO, Antônio Sérgio A. de Moraes. Comentários ao art. 183. In: SOUZA JR., Francisco Satiro de; PITOMBO, Sérgio A. de Moraes (coords.). **Comentários à Lei de Recuperação de Empresas e Falência**. 2. Ed. São Paulo: Revista dos Tribunais, 2007.

REALE JÚNIOR, Miguel. **Instituições de direito penal – Parte Geral**. v.2. Rio de Janeiro: Forense, 2002.

REIS, Rodolfo Soares dos. **Crime falencial e competência material: recebimento da ação penal após as Leis 11.101/05 e 11.719/08.** 1. ed. Curitiba: Editora Juruá. 2013.

REIS, Rodolfo Soares. **Crime falencial e competência material**. Curitiba: Juruá, 2013. p. 49.

SACRAMONE, Marcelo Barbosa. **Comentários à Lei de Recuperação de Empresas e Falência**. 2ª ed. São Paulo: Saraiva Educação, 2021.

SATIRO, Francisco (coord.). **Comentários à Lei de recuperação de empresas e falência: Lei 11.101/2005**. 2. ed. São Paulo: Editora Revista dos Tribunais, 2007. Disponível em: <https://edisciplinas.usp.br/pluginfile.php/1759229/mod_resource/content/2/Comentarios%20a%20Lei%20de%20Recuperacao%20de%20empresas%20-%20completo.pdf. Acesso em: 11 out. 2021.>

SOUZA JÚNIOR, Francisco Satiro de; PITOMBO, Antônio Sérgio Altieri de Moraes (coords.). **Comentários à Lei de Recuperação Judicial e Falência**, 1995.

Legislações

BRASIL. Lei nº 11.101, de 9 de fevereiro de 2005. **Regula a recuperação judicial, a extrajudicial e a falência do empresário e da sociedade empresária**. Disponível em: <http://www.planalto.gov.br/ccivil_03/_ato2004-2006/2005/lei/l11101.htm.> Acesso em: 9 out. 2021.

BRASIL. Decreto-Lei nº 7.661, de 21 de junho de 1945. **Lei de Falências**. Disponível em: <http://www.planalto.gov.br/ccivil_03/decreto-lei/del7661.htm.> Acesso em: 9 out. 2021.

BRASIL. **Constituição da República Federativa do Brasil de 1988.** Disponível em: <http://www.planalto.gov.br/ccivil_03/constituicao/constituicao.htm.> Acesso em: 9 out. 2021.

BRASIL. Decreto-Lei nº 3.689, de 3 de outubro de 1941. **Código de Processo Penal**. Disponível em: <http://www.planalto.gov.br/ccivil_03/constituicao/constituicao.htm.> Acesso em: 9 out. 2021.

ESTADO DE SÃO PAULO. Lei nº 3.947, de 8 de dezembro de 1983. **Modifica parcialmente a Organização Judiciária da Comarca de São Paulo e dá outras providências**. Disponível em: <https://www.al.sp.gov.br/repositorio/legislacao/lei/1983/lei-3947-08.12.1983.html.> Acesso em: 9 out. 2021.

ESTADO DE SÃO PAULO. Resolução 200/20005. Competências das varas da capital, remaneja em função da Lei de Falências. Disponível em: <http://esaj.tjsp.jus.br/gcnPtl/abrirDetalhesLegislacao.do?cdLegislacaoEdit=42085&flBtVoltar=N>. Acesso em: 9 out. 2021.

Jurisprudência

BRASIL. Supremo Tribunal Federal. **Processo por crime falimentar. Atribuição de competência ao Juízo da Falência. Matéria de organização judiciária. Competência legislativa estadual.** Órgão julgador: Primeira Turma. Relator: Min. Rafael Mayer. Brasília, 27 jun. de 1986. Disponível em: <https://redir.stf.jus.br/paginadorpub/paginador.jsp?docTP=AC&docID=100629.> Acesso em: 12 out. 2021.

BRASIL. Tribunal de Justiça do Estado de São Paulo (Comarca de Araras). **Exceção de Suspeição – Fato Atípico nº 0003768-82.2021.8.26.0038.** Excipiente: Antonio Sacilotto Junior. Juiz de Direito Matheus Romero Martins, 25 de novembro de 2021. Disponível em: <https://www.conjur.com.br/dl/0003768-8220218260038.pdf> Acesso em: 4 dez. 2021.

UMA BREVE ANÁLISE SOBRE OS INDICADORES ESG: SUA RELAÇÃO COM A PERFORMANCE EMPRESARIAL E ATUAL APLICAÇÃO NO ORDENAMENTO BRASILEIRO

LUCAS BELLINI PEREIRA

Introdução

Com o passar dos anos organizações empresariais vem remodelando a forma de condução de negócios, sobretudo buscando diversificar suas propostas de valor para além dos produtos e serviços. Nesse sentido, diversas empresas vêm adotando um modelo baseado no chamado "Capitalismo Consciente", por meio do qual se esforçam para otimizar os resultados de todos os agentes envolvidos na relação empresarial, e não apenas de seus acionistas[1].

O referido modelo parte do pressuposto de que a atividade econômica possui potencial eminente de causar impactos positivos no mundo. Nessa perspectiva, organizações vem buscando alterar seus modelos de negócio – que anteriormente focavam apenas no lucro – para alcançar valores benéficos para a sociedade no geral, fidelizando seus *stakeholders* não só por cumprir

[1] SCHAWBEL, D. John Mackey: **Why companies should embrace conscious capitalism**. Forbes. January 15, 2013.

suas expectativas financeiras, mas melhorando a percepção de valor da marca através de sua cultura, identidade, governança, comunicação, estratégias inovadoras, e impactos culturais, políticos e socioambientais.

Nesse sentido, é possível verificar uma resposta do mercado financeiro sobre essa perspectiva, nos últimos anos intensificou se uma discussão sobre os benefícios econômicos de empresas comprometidas com o desenvolvimento sustentável, o que trouxe à pauta os indicadores ESG, sigla advinda da expressão "*Environmental, Social, and Governance*". Tais indicadores trazem os fatores ambientais, sociais e de governança como critérios de análise de investimentos, além das métricas financeiras usuais de mercado[2].

Importante destacar que o ESG vem ganhando a cada dia mais força no cenário empresarial como novo mecanismo de análise de valor. Isso se relaciona ao fato de que empresas que vem aderindo um modelo mais sustentável e não focado apenas no lucro de suas atividades estão obtendo um respaldo positivo da sociedade, de forma que a repercussão no mercado financeiro é direta, aumentando-se cada vez mais o número de investimentos que valorizam essas métricas.

Entretanto, muito se discute se a adoção dos parâmetros ESG pela administração das empresas resulta de fato na melhora de performance das companhias e consequente aumento de seus resultados econômicos, tendo em vista que parte dos estudos relaciona essa forma de investimento a uma prática passageira no cenário empresarial, que pode ser utilizada como bom marketing ou mecanismo de mitigação de riscos, mas sempre associado a pouca lucratividade e possíveis resultados apenas no longo prazo, isto é, instrumento que não deveria ser considerado como prioridade pelas organizações.

[2] ESTY, D. C.; CORT, T. **Values at Work: Sustainable Investing and ESG Reporting**. Springer Nature, 2020.

Ademais, tanto no Brasil quanto ao redor do mundo, a divulgação de informações relacionadas a atuação das empresas dentro dos parâmetros ESG ainda se encontra fragmentada e esparsa para análise de investidores, muito em razão da falta de padronização das informações, à natureza frequentemente voluntária da divulgação, e pelos custos associados com o fornecimento dessas informações.

Nesse sentido, órgãos reguladores do mercado de capitais ao redor do mundo vêm desenvolvendo normativas que buscam exigir das empresas cada vez mais a prática de medidas sustentáveis e a divulgação de informações nesse sentido. No Brasil não é diferente, embora a discussão ainda seja incipiente, já existe regulação objetivando a inclusão de questões mais assertivas sobre políticas ambientais, sociais e de governança para as empresas de capital aberto no país.

Diante do exposto, o presente estudo buscará explorar diversas pesquisas do meio acadêmico a respeito da relação entre os indicadores econômicos ESG e a performance empresarial, bem como a atual situação sobre a aplicação desses parâmetros no ordenamento brasileiro. Assim, ao final do trabalho, entre outras premissas, será possível encontrar a resposta aos seguintes questionamentos: empresas comprometidas com o desenvolvimento sustentável possuem performance superior às demais? Qual é o atual contexto do ESG dentro do ordenamento brasileiro?

Finalmente, é esperado que esse trabalho fomente novas ideias sobre a adoção de políticas sustentáveis no cenário brasileiro, sobretudo incentive a discussão sobre os benefícios que políticas ambientais, sociais e de governança podem trazer às empresas, além de demonstrar o papel fundamental dos órgãos reguladores para o desenvolvimento desse tema, promovendo a divulgação e transparência das informações.

1. Os indicadores ESG ("*Environmental, Social and Governance*")

Inicialmente, é necessário destacar que embora as discussões sobre empresas que possuem políticas éticas e sustentáveis tenham sido intensificadas nos últimos anos, é de notório conhecimento que esse assunto não pode ser considerado recente. Da mesma forma, métricas de investimentos relacionados ao desenvolvimento sustentável existem há anos no mercado financeiro, ainda que em menor quantidade do que atualmente.

Todavia, o impacto abrangido por boas práticas relacionadas aos critérios ambientais, sociais e de governança nunca foi tão importante quanto nos dias de hoje. O tema tornou-se pauta constante dos conselhos de administração de empresas e consideração indispensável para a maioria dos investidores.

Sucintamente, os indicadores ESG são um conjunto de padrões para as operações de uma empresa relacionados a medidas sustentáveis que investidores utilizam para avaliar potenciais investimentos. Trata-se de conceito amplo e subjetivo que expõe fatores ambientais, sociais e de governança como critérios de análise de investimentos[3].

Para contextualização, o acrônimo ESG surgiu pela primeira vez em 2004, através de relatório publicado pela Organização das Nações Unidas (ONU)[4], que propôs uma iniciativa conjunta

[3] Boerner, Hank. Your Company's ESG-Environmental, Social, and Governance factors are mattering more now to Institutional Investors. **Corporate Finance Review**, Nova Iorque, v. 12, ed. 2, p. 40-43, set./out. 2007.

[4] O relatório foi endossado por 20 instituições financeiras com ativos combinados sob gestão de mais de US$ 6 trilhões à época, com foco em organizar recomendações para diferentes atores do setor financeiro agregarem os fundamentos do ESG na pesquisa, análise e investimento do mercado financeiro. Vide: ORGANIZAÇÃO DAS NAÇÕES UNIDAS (ONU). **Who Cares Wins**: connecting financial markets to a changing world. Genebra (Suíça): The Global Compact, 2004. 58 p. Disponível em: https://d306pr3pise04h.cloudfront.net/docs/issues_doc%2FFinancial_markets%2Fwho_cares_who_wins.pdf. Acesso em: 25 mar. 2021.

de grandes instituições financeiras com o objetivo de desenvolver diretrizes e recomendações sobre como integrar melhor as questões ambientais, sociais e de governança corporativa no mercado de capitais[5].

De maneira geral, os critérios ambientais consideram o desempenho das empresas na utilização de recursos naturais, abrangendo a emissão de carbono, gestão de resíduos, eficiência energética, tecnologia limpa e poluição. Os critérios sociais examinam as políticas e relações de trabalho, relações com cliente, fornecedores e a comunidade onde atua, políticas de inclusão e diversidade, direitos humanos, e privacidade e segurança de dados. Por fim, os critérios de governança tratam da remuneração de executivos da empresa, independência dos conselhos, diversidade na composição do conselho de administração, controles internos, estrutura dos comitês de auditoria, ética e transparência[6].

Nota-se que, a depender do setor da organização, os critérios acima podem se encaixar de diferentes formas e diferentes níveis, não há um padrão. A título de exemplo, a exposição a riscos ambientais de uma empresa do ramo de papel e celulose é extremamente mais relevante do que para uma empresa de tecnologia que produz softwares. Em outra perspectiva, para empresas do ramo de mineração, o ESG poderá ser mais eficiente na manutenção de laços com a comunidade e para priorizar a prevenção de riscos.

Entretanto, independentemente da localidade e do ramo de atuação de uma organização, todos os critérios do ESG devem

[5] ECCLES, Robert G.; LEE, Linda-Eling; STROEHLE, Judith C. The Social Origins of ESG: an analysis of innovest and KLD. **Organization & Environment**, v. 33, n. 4, p. 575-596, 21 nov. 2019. Disponível em: https://journals.sagepub.com/doi/full/10.1177/1086026619888994. Acesso em: 25 mar. 2021.

[6] ANBIMA, Associação Brasileira das Entidades dos Mercados Financeiro e de Capitais. **Guia ASG**: incorporação dos aspectos ASG nas análises de investimento. São Paulo e Rio de Janeiro, 2020. p. 7.

ser considerados pelos administradores para a tomada de decisões gerenciais, visto que esses elementos estão interligados e cada um deles possui impacto direto na cadeia de valor das empresas.

O ritmo de crescimento dos investimentos sustentáveis vem aumentando exponencialmente ao redor do mundo. Em 2018 esses investimentos já representavam mais de 50% do total de ativos geridos profissionalmente no Canadá, Austrália e Nova Zelândia, 49% na Europa, 26% nos Estados Unidos e 18% no Japão. Em questão de valores, o aumento entre 2016 e início de 2018 foi de 34% dos ativos, totalizando o valor de US$ 30,7 trilhões nessas regiões, sendo que a Europa continua sendo o continente que concentra a administração da maior proporção desses valores, com quase metade dos ativos de investimentos sustentáveis do mundo[7].

Essa aceleração parece ter sido impulsionada pela maior atenção social, governamental e do consumidor no impacto que as organizações empresariais podem ter no mundo, bem como pelos investidores e executivos que perceberam que uma forte proposta ESG pode garantir o sucesso de longo prazo de uma empresa. A magnitude do fluxo de investimentos ao redor do mundo sugere que o ESG é muito mais do que uma moda passageira ou um exercício de bem-estar para as empresas[8].

[7] GLOBAL SUSTAINABLE INVESTMENT ALLIANCE. **2018 Global Sustainable Investment Review**. 4. ed. Global Sustainable Investment Alliance, 2018. p. 9. Disponível em: http://www.gsi-alliance.org/wp-content/uploads/2019/06/GSIR_Review2018F.pdf. Acesso em: 09 abr. 2021.

[8] HENISZ, Witold; KOLLER, Tim; NUTTALL, Robin. **Five ways that ESG creates value**: getting your environmental, social, and governance (ESG) proposition right links to higher value creation. Here's why. McKinsey & Company, 2019. p. 2.

2. A relação entre ESG e performance empresarial

Desde o início de sua existência, a principal controvérsia a respeito da aplicação de parâmetros ambientais, sociais e de governança pela administração das empresas parte do pressuposto de se considerar que eles não resultam em uma melhor performance para as organizações, isto é, não fornecem resultado financeiro.

As empresas e investidores identificavam tratar se de uma pauta importante no mundo empresarial, mas enxergavam essa forma de investimento relacionada a pouca lucratividade e possíveis resultados apenas no longo prazo. Nesse sentido, a adoção do ESG talvez fosse uma alternativa para um bom marketing, ou algum mecanismo de mitigação em segundo plano.

Ocorre que, a ordem econômica – assim como os interesses sociais – é mutável, e o pensamento friedmaniano de que a função social das empresas é apenas obter lucro aos seus acionistas está perdendo cada vez mais espaço no cenário empresarial[9]. O paradigma frequentemente enfrentado pelos conselhos de administração sobre alocação de recursos entre propostas sustentáveis ou a riqueza de seus acionistas vem adquirindo uma nova perspectiva entre os executivos.

[9] Milton Friedman (1912–2006) foi um famoso e premiado economista e um dos principais pensadores do liberalismo econômico. Em artigo publicado em 1970 expõe: *"Mas a doutrina da "responsabilidade social" levada a sério estenderia o escopo do mecanismo político a todas as atividades humanas. Não difere em filosofia da doutrina mais explicitamente coletiva. Difere apenas por professar acreditar que os fins coletivistas podem ser alcançados sem meios coletivistas. É por isso que, em meu livro Capitalismo e Liberdade, chamei-a de "doutrina fundamentalmente subversiva" em uma sociedade livre, e disse que em tal sociedade, "**há uma e apenas uma responsabilidade social das empresas – usar seus recursos e se envolver em atividades destinadas a aumentar seus lucros, desde que permaneça dentro das regras do jogo**, ou seja, participe de uma competição aberta e livre, sem engano ou fraude."* (tradução e grifo do autor). Vide: FRIEDMAN, M. The social responsibility of business is to increase its profits. In: **Corporate ethics and corporate governance**: Springer, 2007. p. 173-178.

Nesse ponto, o dualismo sobre lucro de acionistas e objetivos ESG em decisões gerenciais não deve ser observado como se fossem dois interesses distintos em uma competição de soma zero; pelo contrário, devem ser perspectivas de avaliação conjuntas em busca de um crescimento contínuo e sustentável no longo prazo[10].

Atualmente, fica nítido que um modelo de governança corporativa que visa apenas a maximização de valor para acionistas é política e comercialmente insustentável, em razão dos desafios substanciais de curto prazo para as organizações que operam em todos os setores de negócios, por exemplo, riscos ambientais e de capital humano, além da instabilidade gerada pela desigualdade econômica generalizada. As empresas devem enfrentar esses desafios concentrando-se não apenas nos lucros, mas também no propósito mais amplo da organização e seu papel no ecossistema econômico e social, a fim de que possa se aproximar de seus *stakeholders* e construir uma proposta de valor sustentável e de longo prazo[11].

Nessa perspectiva, é possível verificar que recentemente diversas empresas passaram a adotar uma nova vertente de proposta de valor para seus investidores, valor este que a sociedade e o mercado no geral vêm sendo extremamente receptivos, sobretudo em tempos de crise econômica e social, momento em que esses princípios ganham ainda mais força.

[10] LIPTON, Martin. **Purpose, Stakeholders, ESG and Sustainable Long-Term Investment**. Harvard Law School Forum on Corporate Governance. 24 dez. 2019. Disponível em: https://corpgov.law.harvard.edu/2019/12/24/purpose-stakeholders-esg-and-sustainable-long-term-investment/. Acesso em: 25 abr. 2021.

[11] LIPTON, Martin; ROSENBLUM, Steven A.; CAIN, Karessa L.; TATUM, Kathleen I. **Some Thoughts for Boards of Directors in 2020**. 24 dez. 2019. Disponível em: https://www.wlrk.com/webdocs/wlrknew/ClientMemos/WLRK/WLRK.26708.19.pdf. Acesso em: 24 dez. 2019.

De acordo com Martin Lipton[12], empresas que adotam princípios relacionados ao ESG e seus *stakeholders*, com engajamento da administração e acordo implícito de seus acionistas, estarão mais bem posicionadas para alcançar crescimento sustentável contínuo, em comparação com as suas concorrentes. Referido advogado ainda nos ensina:

> O objetivo não é maximizar o preço das ações da empresa no curto prazo; em vez disso, como observamos em outro lugar, o objetivo da corporação é alcançar e conduzir um negócio lícito, ético, lucrativo e sustentável para criar valor a longo prazo. Isso não apenas permite, mas exige a consideração de todos os *stakeholders* que são críticos para o sucesso da empresa (acionistas, funcionários, clientes, fornecedores, credores e comunidades). A tarefa de identificar os *stakeholders* e mediar entre eles cabe adequadamente aos conselhos de administração que agem com base em seu julgamento de negócios. Os acionistas são parceiros essenciais na busca da empresa por esta missão, e o envolvimento regular entre investidores e diretores é outro elemento necessário para uma governança eficaz voltada para os *stakeholders*. (tradução do autor)

Além disso, é possível verificar que empresas que prestam atenção às questões ambientais, sociais e de governança não sofrem um obstáculo na criação de valor, mas pelo contrário, identificou-se que essas empresas obtiveram bom desempenho, inclusive do ponto de vista financeiro. Quando se trata do fluxo de caixa das empresas, o ESG está diretamente relacionado de cinco maneiras: (i) facilitando o crescimento da receita; (ii) reduzindo custos; (iii) minimizando intervenções legais e

[12] Vide: LIPTON, Martin; ROSENBLUM, Steven A.; SAVITT, William. **A Framework for Management and Board of Directors Consideration of ESG and Stakeholder Governance**. Harvard Law School Forum on Corporate Governance. 05 jun. 2020.

regulatórias; (iv) aumentando a produtividade dos funcionários/colaboradores; e (v) otimizando investimentos e despesas de capital[13].

A respeito das maneiras supracitadas, podem ser mencionados diferentes exemplos para organizações que adotam esse modelo, como a obtenção de melhores acessos a recursos por meio de relações mais fortes com a comunidade e o governo, menor consumo de energia, alcance de maior liberdade estratégica por meio da desregulamentação, atração de talentos por meio de maior credibilidade social, e aumento do retorno dos investimentos pela melhor alocação do capital ao longo prazo, evitando investimentos que podem não compensar por questões ambientais.

Em pesquisa realizada por Stuart L. Gillan, Jay C. Hartzell, e outros[14], foram demonstrados resultados de que um desempenho forte em relação ao ESG tende a aumentar a performance operacional, a eficiência e o valor das empresas. Além de verificar que essas empresas acabam gerando maiores retornos sobre os ativos e têm avaliações superiores aos seus pares.

Nessa mesma perspectiva é o entendimento de Ilze Zumente e Jūlija Bistrova[15], em busca de verificar como o ESG pode criar valor de longo prazo aos acionistas, as referidas autoras verificaram que empresas com maior consciência de sustentabilidade garantem melhor desempenho financeiro, qualidade de gestão, bem como incerteza e risco reduzidos. Mas, sobretudo,

[13] HENISZ, 2019, opus citatum, p. 3-8.

[14] GILLAN, Stuart L.; HARTZELL, Jay C.; KOCH, Andrew; STARKS, Laura T. Firms' Environmental, Social and Governance (ESG) Choices, Performance and Managerial Motivation. **Journal Of Business Ethics.** 43 p. 10 nov. 2010.

[15] ZUMENTE, Ilze; BISTROVA, Jūlija. ESG Importance for Long-Term Shareholder Value Creation: literature vs. practice. **Journal Of Open Innovation**: Technology, Market, and Complexity, [*s. l*], v. 7, n. 2, p. 127, 6 maio 2021. Disponível em: https://www.mdpi.com/2199-8531/7/2/127#cite. Acesso em: 04 abr. 2021.

identificaram que fatores não financeiros intangíveis possuem impacto ainda mais significativo sobre o valor de longo prazo gerado aos acionistas do que questões puramente financeiras, citando exemplos como boa reputação, confiança dos *stakeholders*, e a satisfação e engajamento dos funcionários.

No que se refere ao desempenho econômico das organizações, alguns estudos constataram a existência de uma relação significativamente positiva entre as práticas ESG e os indicadores financeiros de Retorno sobre Patrimônio Líquido (ROE) e o Retorno sobre os Ativos (ROA) das empresas[16]. Nesse sentido, destaca-se que bons resultados foram também confirmados em diferentes mercados, como na Alemanha[17], Índia[18], e Reino Unido[19].

Por outro lado, em análise realizada sobre o desempenho de aproximadamente 10.723 fundos de investimento entre 2004 e 2018, não foram encontradas diferenças estatisticamente significativas de desempenho entre fundos sustentáveis e fundos de investimento tradicionais, demonstrando que não existe um trade-off financeiro quando se opta por investimentos susten-

[16] LUCIA, Caterina de; PAZIENZA, Pasquale; BARTLETT, Mark. Does Good ESG Lead to Better Financial Performances by Firms? Machine Learning and Logistic Regression Models of Public Enterprises in Europe. **Sustainability**, v. 12, n. 13, p. 53, 1 jul. 2020. Disponível em: https://www.mdpi.com/2071-1050/12/13/5317. Acesso em: 04 abr. 2021.

[17] VELTE, Patrick. Does ESG performance have an impact on financial performance? Evidence from Germany. **Journal Of Global Responsibility**, v. 8, n. 2, p. 169-178, 13 jun. 2017. Disponível em: https://www.emerald.com/insight/content/doi/10.1108/JGR-11-2016-0029/full/html. Acesso em: 21 maio 2021.

[18] DALAL, Karishma K.; THAKER, Nimit. ESG and Corporate Financial Performance: A Panel Study of Indian Companies. **Iup Journal of Corporate Governance**, Hyderabad, v. 18, n. 1, p. 44-59, jan. 2019.

[19] AHMAD, Nisar; MOBAREK, Asma; RONI, Naheed Nawazesh. Revisiting the impact of ESG on financial performance of FTSE350 UK firms: static and dynamic panel data analysis. **Cogent Business & Management**, v. 8, n. 1, 06 abr. 2021.

táveis. O estudo ainda estimou que fundos sustentáveis podem oferecer menor risco de mercado, com desvio negativo 20% menor do que os fundos tradicionais[20].

Ademais, interessante destacar que empresas que investem em boas práticas relacionadas ao ESG se tornam mais sólidas e resilientes, de forma a estarem mais bem preparadas para lidar com mudanças abruptas nos padrões de produção e consumo do mercado. Em outras palavras, essas empresas conseguem obter resultados melhores que seus pares em épocas de crise econômica e social, onde conseguimos notar exemplos práticos nos últimos anos, como na crise econômica de 2008-2009[21], e na pandemia do coronavírus (COVID-19)[22].

Não é surpresa de se notar, visto que há maior diligência na gestão de riscos por parte dessas empresas, o que está extremamente relacionado com preservação de valor, menor volatilidade no longo prazo, mitigação de acidentes e conflitos com os diferentes *stakeholders* e menor exposição a risco, o que em última instância pode significar menor vulnerabilidade e fragilidade.

A relação entre risco e retorno é um princípio básico da economia. Toda decisão de negócios traz riscos para a corporação,

[20] MORGAN STANLEY. **Sustainable Reality**: analyzing risk and returns of sustainable funds. EUA: 1, 2019. 11 p. Disponível em: https://www.morganstanley.com/pub/content/dam/msdotcom/ideas/sustainable-investing-offers-financial-performance-lowered-risk/Sustainable_Reality_Analyzing_Risk_and_Returns_of_Sustainable_Funds.pdf. Acesso em: 21 maio 2021.

[21] LINS, Karl V.; SERVAES, Henri; TAMAYO, Ane. Social Capital, Trust, and Firm Performance: the value of corporate social responsibility during the financial crisis. **The Journal of Finance**, v. 72, n. 4, p. 1785-1824, 9 maio 2017. Disponível em: http://eprints.lse.ac.uk/68059/13/Tamayo_Social%20capital1.pdf. Acesso em: 04 abr. 2021.

[22] BROADSTOCK, David C.; CHAN, Kalok; CHENG, Louis T.W.; WANG, Xiaowei. The role of ESG performance during times of financial crisis: evidence from covid-19 in china. **Finance Research Letters**, v. 38, jan. 2021. Disponível em: https://www.ncbi.nlm.nih.gov/pmc/articles/PMC7425769/. Acesso em: 04 abr. 2021.

mas devemos levar em consideração que hoje em dia os riscos podem estar nos lugares mais inesperados. Prejuízos econômicos gigantescos podem surgir de uma simples publicação em rede social, e empresas com melhores índices de governança e com melhor relacionamento com seus *stakeholders* são capazes de impedir e mitigar eventuais danos melhor do que outras[23].

Entretanto, esses posicionamentos que evidenciam apenas relações positivas entre os indicadores ESG e a performance das empresas não são unanimidade no cenário acadêmico. Muito se discutiu e ainda se discute sobre essa relação nas mais variadas formas de pesquisa, e alguns autores enfatizam que os indicadores podem não afetar positivamente na performance das organizações que os adotam.

Em análise realizada por Karri Lumivirta[24] com dados coletados entre 2004 e 2017 no mercado europeu, foi identificado que não há desempenho superior significativo para as empresas ao classificar as variáveis do ESG. Ainda, seus resultados demonstraram que um portfólio ESG é incapaz de gerar resultados de forma confiável para os investidores.

Ao analisar o impacto dos indicadores ESG no retorno das ações das empresas, Charlotte Breitz e Per Jonas Partapuoli[25] averiguaram que carteiras com pontuação ESG baixa apresen-

[23] Hoepner, Andreas G. F.; Oikonomou, Ioannis; Sautner, Zacharias; Starks, Laura T.; Zhou, Xiaoyan. ESG Shareholder Engagement and Downside Risk. **European Corporate Governance Institute (Ecgi)**: Finance Research Paper Series, v. 671, 30 abr. 2021. Disponível em: https://papers.ssrn.com/sol3/papers.cfm?abstract_id=2874252#. Acesso em: 02 mar. 2021.

[24] Lumivirta, Karri. **The returns of Socially Responsible Investment**: a study of ESG investment performance. 2020. 70 f. Tese (Doutorado) – Curso de Economia, Finanças e Estatísticas, Hanken School Of Economics, Helsinki, 2020.

[25] Breitz, Charlotte; Partapuoli, Per Jonas. **How is ESG Affecting Stock Returns?**: a portfolio- and panel data analysis of us firms in the S&P 500. 2020. 76 f. Dissertação (Mestrado) – Curso de Economia, Lund University, Suécia, 2020.

taram desempenho superior no mercado sobre carteiras com maior pontuação em geral. Mesmo condicionando a análise sobre a crise financeira de 2008-2009, foi verificado que uma carteira com pontuação ESG mais baixa ainda apresentou melhor performance em termos de retornos econômicos anormais, de forma que se torna mais benéfico para um investidor médio manter ações com classificações ESG mais baixas, uma vez que carteiras com classificações mais altas não superam o mercado.

Em contrapartida, outro entendimento é no sentido de que não há relação de desempenho entre empresas que possuem alta classificação social e corporativa e empresas de baixa classificação, isto é, que não foram descobertas diferenças significativas no desempenho das empresas de alta e baixa classificação social e corporativa[26].

Para Gerhard Halbritter e Gregor Dorfleitner[27], em pesquisa sobre certas empresas americanas para investigar a ligação entre o desempenho social e financeiro corporativo com base em classificações ESG, verificaram-se resultados que sugerem que os investidores não devem mais esperar retornos anormais ao negociar carteiras diferentes de empresas com classificação alta e baixa referentes aos aspectos ESG.

Esse é o mesmo entendimento de Bradford Cornell[28], que destaca que embora o investimento ESG possa ter benefícios

[26] LEE, Darren D.; FAFF, Robert W.; REKKER, Saphira A.C.. Do high and low-ranked sustainability stocks perform differently? **International Journal of Accounting & Information Management**, v. 21, n. 2, p. 116-132, 3 maio 2013. Disponível em: https://espace.library.uq.edu.au/view/UQ:295642. Acesso em: 04 abr. 2021.

[27] HALBRITTER, Gerhard; DORFLEITNER, Gregor. The wages of social responsibility — where are they? A critical review of ESG investing. **Review of Financial Economics**, v. 26, p. 25-35, set. 2015.

[28] CORNELL, Bradford. ESG preferences, risk and return. **European Financial Management**, v. 27, n. 1, p. 12-19, 17 nov. 2020. Disponível em: https://onlinelibrary.wiley.com/doi/epdf/10.1111/eufm.12295. Acesso em: 02 mar. 2021.

sociais, altos retornos para os investidores não estão entre eles. O autor ainda constata que apesar de as preferências do investidor por empresas com alta classificação ESG possa reduzir o custo de capital, o outro lado da moeda são os retornos esperados mais baixos para os investidores do que outros investimentos, considerando o ESG como um fator de risco para análise de investimentos no geral.

Ademais, quando tratamos sobre fundos de investimentos pautados no ESG, já foi identificado que esses fundos parecem ter um desempenho financeiro inferior a outros fundos ofertados pelos mesmos gestores de ativos e cobram taxas de administração ainda mais altas. Outra problemática verificada é de que esses fundos acabam por possuir empresas em seu portfólio com piores históricos de conformidade com as leis trabalhistas e ambientais, em relação ao portfólio de empresas detidas por fundos não ESG administrados pelas mesmas instituições financeiras nos mesmos anos[29].

Em pesquisa realizada no Brasil para comparar o desempenho financeiro de empresas participantes do Índice de Sustentabilidade Empresarial (ISE) da BM&FBovespa com empresas não participantes, os testes revelaram não haver diferenças significativas entre os dois grupos, mas somente identificou desempenho superior significante no índice Margem EBITDA no setor econômico de Materiais Básicos e no índice Cobertura das Despesas Financeiras para o setor econômico Utilidade Pública[30].

[29] Raghunandan, Aneesh; Rajgopal, Shivaram. Do ESG Funds Make Stakeholder-Friendly Investments? **SSRN Electronic Journal**, 58 p., 03 maio 2021. Disponível em: https://papers.ssrn.com/sol3/papers.cfm?abstract_id=3826357. Acesso em: 02 mar. 2021.

[30] Castro, Lívia Arruda. Análise de diferenças de desempenho entre empresas participantes e não participantes do Índice de Sustentabilidade Empresarial da BM&FBOVESPA. **Revista Ciências Administrativas**, Fortaleza, v. 23, n.

Em suma, conforme verificado, a relação entre ESG e performance gera ainda muitos debates e possui posicionamentos distintos no cenário acadêmico. Importante destacar que embora as pesquisas utilizem diferentes índices e fatores econômicos para suas análises, o tema é de difícil verificação, pois envolve dados subjetivos e de difícil mensuração no mercado financeiro, de forma que a continuidade das pesquisas e a maior quantidade de análises possíveis ao longo dos anos é extremamente benéfica para o desenvolvimento dos entendimentos sobre o assunto.

Nesse ponto, em 2015 foi realizado um estudo de revisão acadêmica sobre os resultados de cerca de 2.200 pesquisas que tratam sobre a relação entre os critérios ambientais, sociais e de governança e o desempenho financeiro das empresas. O estudo chegou à conclusão de que aproximadamente 90% das pesquisas encontram uma relação não negativa entre ESG e performance financeira, e ainda que grande maioria desses estudos relatam resultados positivos a respeito dessa relação, destacando que o impacto positivo parece ser estável ao longo do tempo[31].

Em adição ao estudo acima, uma pesquisa mais recente realizou uma extensa análise agregando evidências de mais de 1.000 estudos sobre o assunto, publicados entre os anos de 2015 e 2020, e revelou um consenso crescente de que uma eficiente gestão corporativa de questões ESG normalmente resulta em melhores métricas operacionais, como ROE, ROA ou preço das ações das empresas. Ainda, evidenciou o fato de que poucas

1, p. 128-155, abr. 2017. Disponível em: https://periodicos.unifor.br/rca/article/view/4334/pdf. Acesso em: 04 abr. 2021. Nesse mesmo sentido: https://doi.org/10.1590/S0103-65132013005000054.

[31] FRIEDE, Gunnar; BUSCH, Timo; BASSEN, Alexander. ESG and financial performance: aggregated evidence from more than 2000 empirical studies. **Journal of Sustainable Finance & Investment**, v. 5, n. 4, p. 210-233, 2 out. 2015.

pesquisas encontraram correlações negativas definitivas entre ESG e desempenho financeiro[32].

Acentua-se o fato de que, quando se trata da construção de carteiras que gerem lucro aos seus investidores, o estudo identificou que algumas estratégias ESG parecem gerar taxas de mercado ou retornos maiores quando comparadas às estratégias de investimento convencionais, especialmente para investidores de longo prazo, além de fornecer maior proteção contra perdas durante crises econômicas ou sociais.

Diante da análise de estudos que extraem uma gama de dados fornecidos por estudos de revisão acadêmica anteriores é possível obter uma visão mais concreta sobre o assunto e identificar que de fato há uma relação positiva entre os critérios ambientais, sociais e de governança e a performance empresarial. Ainda que não momentâneo, o resultado será benéfico para qualquer tipo de organização empresarial, independentemente de seu ramo de atividade, mesmo porque a geração de valor não deve ser apenas analisada sob a ótica de aumento de lucratividade, mas também por diversos fatores que promovem valor para empresa e seus diversos *stakeholders*.

Políticas que geram melhor relacionamento da companhia com seus colaboradores, fornecedores e consumidores podem não ser facilmente mensuráveis em primeira instância, mas podem garantir a retenção de talentos e criação de novas possibilidades de negócio que talvez não existiriam se a empresa não adotasse esses conceitos. Da mesma forma, um passivo ambiental ou uma crise de corrupção que geram danos imensuráveis para as companhias podem não ocorrer caso existam princípios de proteção e preocupação com pautas de preservação do

[32] WHELAN, Tensie; ATZ, Ulrich; VAN HOLT, Tracy; CLARK, Casey. **ESG and Financial Performance**: uncovering the relationship by aggregating evidence from 1,000 plus studies published between 2015 – 2020. New York University, 2021. Center of Sustainable Business.

meio ambiente, além de um efetivo código de ética e rigorosa governança anticorrupção da alta administração da empresa.

Os exemplos são dos mais variáveis e percorrem todos os setores das empresas, mas é importante destacar que, a nova e correta concepção de grande parte do mercado, é de que o principal objetivo das empresas é de gerar valor e perdurar ao longo dos anos dentro do seu modelo de negócio, e não de obter resultados imediatos que sejam considerados satisfatórios pela elevação de dividendos e juros sobre capital próprio.

A finalidade de perdurar ao longo do tempo possui total congruência com a observância dos critérios ESG nas atividades das empresas. A aplicação eficaz de políticas ESG pode ser determinante entre uma empresa que gera alta rentabilidade para seus acionistas durante 5 anos e é dissolvida por um caso fortuito e incalculado, ou uma empresa que gera uma rentabilidade menor aos seus acionistas, mas com segurança e competência para perdurar por mais de 100 anos com boas práticas.

De qualquer forma, talvez o ideal não seja discutir sobre a relação entre os critérios ambientais, sociais e de governança e o aumento de desempenho empresarial, mas sim fazer com que o mercado compreenda o ESG não apenas como uma estratégia de maximização de riqueza, mas como conceitos que promovem maior valor para o meio ambiente e a sociedade no geral, o que deveria ser pensamento básico de qualquer organização.

3. Aplicabilidade do ESG no ordenamento brasileiro

Conforme já destacado anteriormente neste trabalho, no Brasil as discussões sobre a aplicação do ESG ainda são incipientes se comparadas com o mercado europeu e norte americano, mas o tema vem ganhando cada vez mais espaço no cenário acadêmico e empresarial brasileiro, especialmente pela dimensão e importância que o assunto vem assumindo ao redor do mundo.

Quando analisamos o ordenamento jurídico brasileiro verificamos inicialmente que existem legislações de temas esparsos que envolvem alguns dos princípios do ESG, além de acordos internacionais aderidos pelo Brasil[33]. Nesse ponto, destaca-se o fato de que a legislação societária brasileira já trazia referências ao assunto e capacitava as companhias, abertas ou fechadas, a lidar com o ESG dentro dos seus planos de negócio[34].

A Lei das Sociedades Anônimas (Lei n. 6404/1976), apesar de ter sido promulgada em 1976, determina em seu texto legal a necessidade do cumprimento da função social das empresas para com seus *stakeholders*, tanto no plano dos deveres dos acionistas controladores, quanto ao abordar o dever de diligência dos administradores das organizações. Em seu artigo 116, parágrafo único, a referida Lei estabelece que:

> o acionista controlador deve usar o poder com o fim de fazer a companhia realizar o seu objeto e cumprir sua função social, e tem deveres e responsabilidades para com os demais acionistas da empresa, os que nela trabalham e para com a comunidade em que atua, cujos direitos e interesses deve lealmente respeitar e atender.

Além disso, a legislação mencionada ainda dispõe que aos administradores é atribuído o dever de ser diligente ao desem-

[33] A legislação brasileira vem se desenvolvendo na agenda de sustentabilidade. Podemos citar como exemplos: a Lei n. 12.187/2009, que estabelece a Política Nacional sobre a Mudança Climática; a Lei 13.576/2017, que trata da Política Nacional de Biocombustíveis ("RenovaBio"); a Resolução n. 4.327/14 do CMN, que delibera sobre as diretrizes que devem ser observadas na implementação da Política de Responsabilidade Socioambiental pelas instituições financeiras e demais instituições autorizadas pelo BC; entre outras. Nesse sentido, vide: ANBIMA, 2020, loco citato.

[34] Campos, Luiz Antônio de Sampaio. **Na Lei das SA, Bulhões e Lamy anteviram o ESG**. 2020. Brazil Journal. Disponível em: https://braziljournal.com/na-lei-das-sa-bulhoes-e-lamy-anteviram-o-esg. Acesso em: 02 mar. 2021.

penhar os interesses da companhia, sempre considerando o bem público e a função social da empresa, conforme descrito no caput de seu artigo 154: "o administrador deve exercer as atribuições que a lei e o estatuto lhe conferem para lograr os fins e no interesse da companhia, satisfeitas as exigências do bem público e da função social da empresa."

Uma análise conjunta de ambos os artigos demonstra que, por um lado, os controladores possuem deveres que vão além do exercício do objeto social das companhias, devendo considerar as partes relacionadas à atividade empresarial e as externalidades do negócio. E, por outro lado, os administradores devem satisfazer exigências que ultrapassam os interesses das companhias.

Isto é, os tomadores de decisão possuem uma responsabilidade no exercício da atividade empresarial que vai além do lucro propriamente dito, e ainda, possuem na legislação societária o respaldo legal que os permite atuar de forma a alcançar esses objetivos.

De acordo com Ana Frazão[35], a função social da empresa – descrita na legislação comercial – nada mais é do que princípio que orienta duas vertentes: a atividade da empresa no campo da realização da justiça social; e na ampliação e modificação do interesse social das sociedades empresárias e seus objetivos no exercício da atividade empresarial. Assim, o patrimônio da empresa não pode estar comprometido apenas com os interesses de seus controladores, mas deve atender igualmente os interesses da coletividade, possuindo compromissos e obrigações para com consumidores, empregados, e a comunidade como um todo.

[35] COELHO, Fábio Ulhôa; FRAZÃO, Ana; MENEZES, Mauricio Moreira; CASTRO, Rodrigo R. Monteiro de; CAMPINHO, Sérgio. **Lei da Sociedades Anônimas Comentada**. Rio de Janeiro: Editora Forense, 2021. 1525 p.

Nesse sentido, o próprio contexto da função social das empresas demonstra sua ligação com a proteção de terceiros envolvidos pela empresa, que acaba cada vez mais influenciando e modificando a comunidade em que atua, de forma que também estes interesses externos devem ser protegidos pelo ordenamento jurídico[36].

Contudo, se por um lado já existia há tempos no Brasil uma base legal bem-organizada na Lei das Sociedades Anônimas com meios e proteção legal que permite aos controladores, administradores, e aos *stakeholders* cobrar das companhias a aplicação e aprofundamento do ESG, por outro lado, até pouco tempo atrás não havia qualquer mecanismo organizado para solicitar das empresas de capital aberto a divulgação de informações que evidenciem sua atuação em todos os campos do ESG.

Ocorre que, pela subjetividade do tema e a quantidade de fatores relacionados – existem as mais diversas práticas empresariais relacionadas à critérios ambientais, sociais e de governança -, além da complexidade de análise de dados não financeiros, é difícil desenvolver métricas que analisem efetivamente a atuação das empresas nesse sentido, bem como uma forma eficaz de solicitar essas informações para verificação dos investidores e da comunidade.

Diante da evolução do ESG nos últimos anos e a demanda crescente por dados, foram desenvolvidas diferentes formas de avaliação dos critérios ESG das companhias para criação de uma forma de classificação para os investidores. A criação dessas ferramentas foi principalmente desenvolvida por agências de classificação de riscos do mercado financeiro, entre as principais agências atualmente estão a Morgan Stanley Capital

[36] COMPARATO, Fábio Konder; SALOMÃO FILHO, Calixto. **O Poder de Controle na Sociedade Anônima**. 6. ed. Rio de Janeiro: Editora Forense, 2014. 481 p.

International (MSCI), Sustainalytics, RepRisk AG, e a Institutional Shareholder Services (ISS)[37].

No entanto, pelo fato de não existir uma métrica universal para realização da análise das companhias, as agências acabam por criar seus próprios métodos de avaliação, ferramentas de dados e procedimentos de apuração das informações das empresas, o que acaba por criar divergências substanciais entre as classificações atribuídas às empresas pelas agências de classificação, tornando ainda mais difícil a compreensão dos dados pelos investidores interessados[38].

Nesse ponto, o próprio ESG por si só não é um conceito fixo, mas a combinação de três famílias diferentes de substância não financeira, de forma que interpretações diferentes sobre essas informações são comuns. Nota-se que existem diversas maneiras de construir uma pontuação ou classificação ambiental, social e de governança de uma empresa, envolvendo diferentes combinações de dados financeiros e não financeiros, com influências significativas do ramo de atuação da empresa, seu porte, e histórico[39].

O resultado é de um ambiente complexo de fontes de dados e classificações relacionadas ao ESG que necessitam de maior contextualização para serem corretamente interpretadas por investidores, o que aparenta continuar enquanto não existir

[37] TKINS, Betsy. **ESG History & Status**. Miami: Baja Corp., 2020. 27 p. Disponível em: https://insights.diligent.com/wp-content/uploads/2020/06/ESG-History-Status.pdf. Acesso em: 04 abr. 2021.

[38] CHRISTENSEN, Dane M.; SERAFEIM, George; SIKOCHI. Why is Corporate Virtue in the Eye of The Beholder? The Case of ESG Ratings. **The Accounting Review**, 64 P., 26 fev. 2021. Disponível em: https://papers.ssrn.com/sol3/papers.cfm?abstract_id=3793804. Acesso em: 04 maio 2021.

[39] GIESE, Guido; NAGY, Zoltán; LEE, Linda-Eling. Deconstructing ESG Ratings Performance: risk and return for E, S, and G by time horizon, sector, and weighting. **The Journal of Portfolio Management**, v. 47, n. 3, p. 94-111, 19 dez. 2020. Disponível em: https://jpm.pm-research.com/content/47/3/94. Acesso em: 02 mar. 2021.

uma definição universalmente aceita sobre os indicadores ESG. Por essa razão e considerando a notoriedade que o assunto vem sendo tratado na ordem econômica, além de, é claro, o aumento das práticas de *greenwashing*[40] pelas empresas, órgãos reguladores do mercado de capitais ao redor do mundo passaram a inserir o ESG em suas agendas regulatórias e realizar certas exigências em formulários de referência[41].

Nos Estados Unidos, a *Securities and Exchange Commission* (SEC) estuda cada vez mais o assunto e já exige que empresas de capital aberto divulguem informações relevantes para os investidores relacionadas à riscos do ESG, incluindo informações sobre riscos climáticos e emissões de carbono. Inclusive, a SEC já se manifestou no sentido de que busca nos próximos anos liderar o desenvolvimento de um sistema de divulgação ESG eficaz para que as empresas forneçam de forma econômica as informações aos investidores[42].

40 Basicamente, o termo "*greenwashing*" trata-se de uma estratégia de marketing adotada por empresas, ou outras organizações, onde são apresentados argumentos sustentáveis para forjar uma imagem ecologicamente responsável ao público. Vide: PARGUEL, B.; BENOÎT-MOREAU, F.; LARCENEUX, F. How sustainability ratings might deter 'greenwashing': A closer look at ethical corporate communication. **Journal of business ethics**, 102, n. 1, p. 15-28, 2011.

41 Importante destacar que já existem esforços internacionais que objetivam a padronização das informações a serem divulgadas pelas empresas sobre seus impactos nos setores econômicos, ambientais, sociais, e temas relacionados à sustentabilidade, como é o caso da GRI (Global Reporting Initiative) e a SASB (Sustainability Accounting Standards Board). Para mais informações vide: GLOBAL REPORTING INITIATIVE (org.). **GRI Standards.** Disponível em: https://www.globalreporting.org/about-gri/mission-history/. Acesso em: 15 jun. 2021; SUSTAINABILITY ACCOUNTING STANDARDS BOARD. **SASB Standards connect business and investors on the financial impacts of sustainability.** Disponível em: https://www.sasb.org/about/. Acesso em: 15 jun. 2021.

42 MAHONEY, Paul G.; MAHONEY, Julia D.. The New Separation of Ownership and Control: Institutional Investors and ESG. **Columbia Business Law Review,**

No Brasil, em busca de seguir a tendência mundial, a Comissão de Valores Mobiliários (CVM) demonstrou ao longo dos últimos anos que esteve pesquisando sobre o ESG e analisando a sua aplicabilidade para as empresas de capital aberto do mercado brasileiro, ainda que de forma mais morosa que outros países.

Em 2014 foi publicada a Instrução CVM n. 552 que, basicamente, acrescentou alguns aspectos na Instrução CVM n. 480 (recentemente revogada pela Resolução CVM n. 80), que tratou do registro de emissores de valores mobiliários e do formulário de referência – que deve se apresentado periodicamente por companhia abertas -, em relação a divulgação de informações socioambientais e de governança. Já em 2017 foi publicada a Instrução CVM n. 586 que incluiu ao formulário de referência a divulgação de informações sobre a aplicação das práticas de governança previstas no Código Brasileiro de Governança Corporativa (CBGC), seguindo o modelo "pratique ou explique"[43].

Mais importante, ao final de 2020 a CVM lançou o Edital de Audiência Pública SDM n. 09/20[44], para que pessoas interessadas se manifestassem sobre as possibilidades de alterações no formulário de referência da então Instrução CVM n. 480 com objetivo de reduzir os custos de observância da instrução

Forthcoming, Virginia, 30 p., 22 mar. 2021. Disponível em: https://papers.ssrn.com/sol3/papers.cfm?abstract_id=3809914. Acesso em: 06 maio 2021. (Virginia Law and Economics Research Paper No. 2021-09).

43 COMISSÃO DE VALORES MOBILIÁRIOS (CVM). **A agenda ASG e o mercado de capitais: uma análise das iniciativas em andamento, desafios e oportunidades para futuras reflexões da CVM**. Brasília. 2022. Disponível em: https://www.gov.br/cvm/pt-br/centrais-de-conteudo/publicacoes/estudos/a-agenda-asg-e-o-mercado-de-capitais.pdf.

44 COMISSÃO DE VALORES MOBILIÁRIOS (CVM). **Edital de Audiência Pública SDM n. 09/20**. Brasília. 07 dez. 2020. Disponível em: http://conteudo.cvm.gov.br/audiencias_publicas/ap_sdm/2020/sdm0920.html. Acesso em: 12 fev. 2021.

e aprimorar seu regime informacional incluindo informações que reflitam aspectos sociais, ambientais e de governança corporativa das empresas.

O resultado do referido Edital de Audiência Pública foi a publicação da Resolução CVM n. 59, de 22 de dezembro de 2021[45], que passou a agregar ao formulário de referência um segmento específico e mais amplo para divulgação, pelas companhias abertas, de informações de práticas ambientais, sociais e de governança corporativa, a partir de 2023.

Com as alterações trazidas pela Resolução CVM n. 59, as empresas de capital aberto brasileiras ficaram submetidas a reportar diferentes métricas ESG ao órgão regulador, além de justificar onde essas informações poderiam ser encontradas pelos investidores e, caso não o façam, justificar o motivo para tanto (modelo "pratique ou explique").

Dentre os principais pontos da regulação, destacamos a necessidade de divulgação de informações sobre: (i) a diversidade na composição dos funcionários e do corpo dos órgãos de governança da empresa, considerando gênero, raça, cor e idade de todos os níveis hierárquicos; (ii) a realização de inventários de emissão de gases do efeito estufa; (iii) oportunidades estabelecidas no plano de negócios da empresa relacionadas a questões ESG; (iv) se são divulgados dados ESG no relatório anual ou outro documento publicado pela empresa, além da metodologia adotada e se o documento é revisado e auditado por entidade independente; (v) a adoção de matriz de materialidade e indicadores-chave de desempenho para questões ambientais e sociais; (vi) o posicionamento sobre os objetivos de desenvolvimento sustentável da ONU; (vii) fatores de risco com potencial de influenciar a decisão de investimento, inserindo de forma

[45] COMISSÃO DE VALORES MOBILIÁRIOS (CVM). **Resolução CVM n. 59**. Brasília. 22 dez. 2021. Disponível em: https://conteudo.cvm.gov.br/legislacao/resolucoes/resol059.html. Acesso em: 20.dez.2022.

apartada questões socias, ambientais e climáticas; (viii) papel da administração na avaliação, gerenciamento e supervisão dos riscos e oportunidades relacionados ao clima; (ix) existência de canais internos de comunicação para questões críticas relacionadas ao ESG; e (x) esclarecimento se a remuneração dos administradores é afetada por indicadores ambientais e sociais[46].

Nesse sentido, a CVM demonstrou estar em consonância com as alterações dos órgãos reguladores ao redor do mundo e a par da crescente demanda de investidores que buscam informações relacionadas ao ESG das empresas de capital aberto, de forma a alinhar a regulamentação brasileira com os avanços que o tema vem apresentando nos demais mercados.

O formulário de referência complementado já demandava informações relacionadas a certas questões de governança corporativa, mas de forma bem mais limitada do que a ora implementada no que se refere a informações sobre questões ambientais e sociais. A Resolução manteve a estrutura do formulário existente, mas com o aprimoramento dos fundamentos sobre os critérios ESG.

Durante as discussões no Edital de Audiência Pública para publicação da Resolução CVM n. 59, diversas sugestões foram apresentadas para modificação dos elementos de alteração do formulário de referência sugerido pela CVM. Assim como em outros países, entre as recomendações que não concordavam com a inclusão da pauta ESG no formulário, os principais pontos debatidos em geral referiam-se a dois pontos: os custos que essas exigências de informação trariam para as empresas; e que as informações devem ser fornecidas de forma voluntária pelas empresas e não exigidas pelos órgãos reguladores.

A respeito do primeiro ponto, de fato, para uma empresa que ainda não esteja preparada com a pauta, a inclusão de uma

[46] COMISSÃO DE VALORES MOBILIÁRIOS (CVM), 2022, loco citato.

política que inclui o ESG em todas as cadeias internas de produção do ramo de negócio da empresa exigirá uma atenção e investimento de parte do capital para se desenvolver, além do investimento em *compliance* para confirmar que todas as normas estão sendo seguidas por cada um dos setores, bem como os custos para análise e divulgação dessas informações à CVM.

Entretanto, deve ser levado em consideração que a ausência de um sistema de divulgação regulado sobre os indicadores ESG também traz custos para as empresas. No que se refere aos investidores, geralmente faltam informações ESG consistentes e confiáveis para tomadas de decisões de investimentos e votos, o que geralmente leva as empresas a enfrentarem custos mais altos para responder a demanda dos investidores e criar relatórios de sustentabilidade, pelo fato de não existir um sistema consensual de divulgação ESG[47].

Com relação a divulgação de informações de forma voluntária pelas empresas ou obrigatória pela CVM, nota-se que a maioria das empresas de capital aberto já publica informações de forma voluntária com o principal objetivo de utilizá-las como marketing positivo aos seus negócios e reputação, ocorre que, por não ser regulamentada, as empresas divulgam informações com os parâmetros que entendem e mecanismos nem sempre informados, de forma que para a sociedade fica difícil confirmar a veracidade desses dados.

Ademais, a ampliação da necessidade de preparação de relatórios relacionados a sustentabilidade já faz com que as empresas estejam organizando informações relacionadas ao ESG, além de que em alguns momentos elas são obrigadas a fazer divul-

[47] COATES, John. **ESG Disclosure – Keeping Pace with Developments Affecting Investors, Public Companies and the Capital Markets.** In: 33rd Annual Tulane Corporate Law Institute, 2021, New Orleans. Statement. Disponível em: https://www.sec.gov/news/public-statement/coates-esg-disclosure-keeping-pace-031121#_ftn1. Acesso em: 05 maio 2021.

gações conforme necessário para evitar que outras divulgações sejam materialmente enganosas.

Em estudo recente sobre os efeitos da divulgação obrigatória de informações ESG ao redor do mundo, foi comprovado que a divulgação de forma obrigatória exigida por órgãos reguladores tem efeitos informativos reais e benéficos para todo o mercado. Nesse ponto, a obrigatoriedade dos relatórios é favorável para a maior eficiência do ambiente de informações das empresas, visto que as previsões de lucros dos analistas tornam-se mais precisas e menos dispersas[48].

Além disso, a divulgação obrigatória aumenta a disponibilidade e qualidade dos relatórios ESG, em especial para as empresas que possuem classificações mais baixas de desempenho relacionadas ao ESG, além de ter sido verificado que os incidentes negativos relacionados aos critérios ambientais, sociais e de governança tornam-se menos prováveis e o risco de queda das ações das empresas diminui após a obrigatoriedade de divulgação das informações.

Assim, a exigência da divulgação de informações relacionadas ao ESG nos formulários de referência pelos órgãos reguladores demonstra ser extremamente benéfica para todo o mercado, isto é, tanto para as empresas que fornecerão as informações de forma padronizada e consistente, quanto para os investidores e a sociedade em geral que poderão confirmar a veracidade e coerência das informações divulgadas.

Nesse sentido, os órgãos reguladores possuem papel fundamental no desenvolvimento de políticas e padrões das informações relacionadas aos indicadores ESG, promovendo a

[48] KRUEGER, Philipp; SAUTNER, Zacharias; TANG, Dragon Yongjun; ZHONG, Rui. The Effects of Mandatory ESG Disclosure around the World. **European Corporate Governance Institute**, n. 754, 63 p., 11 maio 2021. Disponível em: https://papers.ssrn.com/sol3/papers.cfm?abstract_id=3832745. Acesso em: 06 jun. 2021.

divulgação e transparência das informações, além de possibilitar a integração de princípios de sustentabilidade em investimentos e decisões negociais.

Finalmente, importante destacar que um sistema de divulgação global coordenado e pautado em uma métrica eficiente traria benefícios potenciais as classificações ESG pelo mundo, mas esse tema ainda enfrenta diversas dificuldades de integração das informações e de um desenho institucional habilitado. Independentemente, até que isso ocorra, é importante que a regulação brasileira se desenvolva cada vez mais na exigência desses tipos de informações.

Nos próximos anos o assunto será ainda muito discutido ao redor do mundo, em especial na agenda dos órgãos reguladores. Embora o Brasil ainda esteja caminhando em relação à temática do ESG, um passo essencial já foi dado pela CVM com a Resolução CVM n. 59, e o futuro parece ser positivo aos defensores de políticas sustentáveis no meio empresarial.

Conclusões

Os indicadores ESG alteraram o cenário empresarial e de investimentos e se transformaram em um dos principais mecanismos de análise de valor de mercado nos dias de hoje. Nesse sentido, as empresas vêm aderindo um modelo mais sustentável, buscando incluir fatores ambientais, sociais e de governança em seus ramos de negócio, em contraposição a finalidade exclusiva de obter lucro aos seus acionistas, pelo fato de perceberem que uma forte proposta ESG pode garantir o sucesso de longo prazo das empresas.

Embora existam algumas divergências nos estudos acadêmicos sobre o impacto positivo do ESG nos resultados das empresas, as pesquisas mais recentes denotam que o comprometimento com o desenvolvimento sustentável confirma ser benéfico para a performance empresarial das companhias, inclusive em relação aos seus resultados financeiros ao longo prazo. Além de ser positiva para os grupos envolvidos com a relação empresarial, como clientes, fornecedores, funcionários, colaboradores, entre tantos outros *stakeholders* internos e externos, além da sociedade no geral.

Nesse sentido, verificam-se três formas de integração dos indicadores ESG nos modelos de negócio das empresas: pelos próprios interesses das companhias, pela demanda contínua dos investidores, ou impulsionadas por órgãos reguladores. A última forma, embora extremamente questionada, demonstra ser favorável para todo o mercado, visto que as empresas divulgariam informações de forma consistente e padronizada, e os investidores e a sociedade confirmariam a veracidade e coerência das informações divulgadas.

Por fim, o ordenamento brasileiro já possui uma base legal apta e organizada que garante as empresas a proteção e meios para aplicação e aprofundamento do ESG em seus ramos de atuação. E a CVM, buscando acompanhar a tendência mundial, já se empenha com a criação de mecanismos mais eficientes para solicitar às empresas de capital aberto a divulgação de informações relacionadas ao ESG, evidenciando que a sustentabilidade será o caminho a ser seguido nos próximos anos no cenário empresarial brasileiro.

Referências

AHMAD, Nisar; MOBAREK, Asma; RONI, Naheed Nawazesh. Revisiting the impact of ESG on financial performance of FTSE350 UK firms: static and dynamic panel data analysis. **Cogent Business & Management**, v. 8, n. 1, 06 abr. 2021.

ANBIMA, Associação Brasileira das Entidades dos Mercados Financeiro e de Capitais. **Guia ASG**: incorporação dos aspectos ASG nas análises de investimento. São Paulo e Rio de Janeiro, 2020. p. 7.

BOERNER, Hank. Your Company's ESG-Environmental, Social, and Governance factors are mattering more now to Institutional Investors. **Corporate Finance Review**, Nova Iorque, v. 12, ed. 2, p. 40-43, set./out. 2007.

BREITZ, Charlotte; PARTAPUOLI, Per Jonas. **How is ESG Affecting Stock Returns?**: a portfolio- and panel data analysis of us firms in the S&P 500. 2020. 76 f. Dissertação (Mestrado) – Curso de Economia, Lund University, Suécia, 2020.

BROADSTOCK, David C.; CHAN, Kalok; CHENG, Louis T.W.; WANG, Xiaowei. The role of ESG performance during times of financial crisis: evidence from covid-19 in china. **Finance Research Letters**, v. 38, jan. 2021. Disponível em: https://www.ncbi.nlm.nih.gov/pmc/articles/PMC7425769/. Acesso em: 04 abr. 2021.

CAMPOS, Luiz Antônio de Sampaio. **Na Lei das SA, Bulhões e Lamy anteviram o ESG**. 2020. Brazil Journal. Disponível em: https://braziljournal.com/na-lei-das-sa-bulhoes-e-lamy-anteviram-o-esg. Acesso em: 02 mar. 2021.

CASTRO, Lívia Arruda. Análise de diferenças de desempenho entre empresas participantes e não participantes do Índice de Sustentabilidade Empresarial da BM&FBOVESPA. **Revista Ciências Administrativas**, Fortaleza, v. 23, n. 1, p. 128-155, abr. 2017. Disponível em: https://periodicos.unifor.br/rca/article/view/4334/pdf. Acesso em: 04 abr. 2021.

CHRISTENSEN, Dane M.; SERAFEIM, George; SIKOCHI. Why is Corporate Virtue in the Eye of The Beholder? The Case of ESG Ratings. **The Accounting Review**, 64 P., 26 fev. 2021. Disponível em: https://papers.ssrn.com/sol3/papers.cfm?abstract_id=3793804. Acesso em: 04 maio 2021.

COATES, John. **ESG Disclosure – Keeping Pace with Developments Affecting Investors, Public Companies and the Capital Markets**. In: 33rd Annual Tulane Corporate Law Institute, 2021, New Orleans. Statement. Disponível em: https://www.sec.gov/news/public-statement/coates-esg-disclosure-keeping-pace-031121#_ftn1. Acesso em: 05 maio 2021.

COELHO, Fábio Ulhôa; FRAZÃO, Ana; MENEZES, Mauricio Moreira; CASTRO, Rodrigo R. Monteiro de; CAMPINHO, Sérgio. **Lei da Sociedades Anônimas Comentada**. Rio de Janeiro: Editora Forense, 2021. 1525 p.

COMISSÃO DE VALORES MOBILIÁRIOS (CVM). **A agenda ASG e o mercado de capitais: uma análise das iniciativas em andamento, desafios e oportunidades para futuras reflexões da CVM**. Brasília. 2022. Disponível em: https://www.gov.br/cvm/pt-br/centrais-de-conteudo/publicacoes/estudos/a-agenda-asg-e-o-mercado-de-capitais.pdf.

COMISSÃO DE VALORES MOBILIÁRIOS (CVM). **Edital de Audiência Pública SDM n. 09/20**. Brasília. 07 dez. 2020. Disponível em: http://conteudo.cvm.gov.br/audiencias_publicas/ap_sdm/2020/sdm0920.html. Acesso em: 12 fev. 2021.

COMISSÃO DE VALORES MOBILIÁRIOS (CVM). **Resolução CVM n. 59**. Brasília. 22 dez. 2021. Disponível em: https://conteudo.cvm.gov.br/legislacao/resolucoes/resol059.html. Acesso em: 20.dez.2022.

COMPARATO, Fábio Konder; SALOMÃO FILHO, Calixto. **O Poder de Controle na Sociedade Anônima**. 6. ed. Rio de Janeiro: Editora Forense, 2014. 481 p.

CORNELL, Bradford. ESG preferences, risk and return. **European Financial Management**, v. 27, n. 1, p. 12-19, 17 nov. 2020. Disponível em: https://onlinelibrary.wiley.com/doi/epdf/10.1111/eufm.12295. Acesso em: 02 mar. 2021.

DALAL, Karishma K.; THAKER, Nimit. ESG and Corporate Financial Performance: A Panel Study of Indian Companies. **Iup Journal of Corporate Governance**, Hyderabad, v. 18, n. 1, p. 44-59, jan. 2019.

ECCLES, Robert G.; LEE, Linda-Eling; STROEHLE, Judith C. The Social Origins of ESG: an analysis of innovest and KLD. **Organization & Environment**, v. 33, n. 4, p. 575-596, 21 nov. 2019. Disponível em: https://journals.sagepub.com/doi/full/10.1177/1086026619888994. Acesso em: 25 mar. 2021.

ESTY, D. C.; CORT, T. **Values at Work: Sustainable Investing and ESG Reporting**. Springer Nature, 2020.

FRIEDE, Gunnar; BUSCH, Timo; BASSEN, Alexander. ESG and financial performance: aggregated evidence from more than 2000 empirical studies. **Journal of Sustainable Finance & Investment**, v. 5, n. 4, p. 210-233, 2 out. 2015.

FRIEDMAN, M. The social responsibility of business is to increase its profits. In: **Corporate ethics and corporate governance**: Springer, 2007. p. 173-178.

GIESE, Guido; NAGY, Zoltán; LEE, Linda-Eling. Deconstructing ESG Ratings Performance: risk and return for E, S, and G by time horizon, sector, and weighting. **The Journal of Portfolio Management**, v. 47, n. 3, p. 94-111, 19 dez. 2020. Disponível em: https://jpm.pm-research.com/content/47/3/94. Acesso em: 02 mar. 2021.

GILLAN, Stuart L.; HARTZELL, Jay C.; KOCH, Andrew; STARKS, Laura T. Firms' Environmental, Social and Governance (ESG) Choices, Performance and Managerial Motivation. **Journal Of Business Ethics.** 43 p. 10 nov. 2010.

GLOBAL REPORTING INITIATIVE (org.). **GRI Standards**. Disponível em: https://www.globalreporting.org/about-gri/mission-history/. Acesso em: 15 jun. 2021;

GLOBAL SUSTAINABLE INVESTMENT ALLIANCE. **2018 Global Sustainable Investment Review**. 4. ed. Global Sustainable Investment Alliance, 2018. p. 9. Disponível em: http://www.gsi-alliance.org/wp-content/uploads/2019/06/GSIR_Review2018F.pdf. Acesso em: 09 abr. 2021.

HALBRITTER, Gerhard; DORFLEITNER, Gregor. The wages of social responsibility — where are they? A critical review of ESG investing. **Review of Financial Economics**, v. 26, p. 25-35, set. 2015.

HENISZ, Witold; KOLLER, Tim; NUTTALL, Robin. **Five ways that ESG creates value**: getting your environmental, social, and governance (ESG) proposition right links to higher value creation. Here`s why. McKinsey & Company, 2019. p. 2.

HOEPNER, Andreas G. F.; OIKONOMOU, Ioannis; SAUTNER, Zacharias; STARKS, Laura T.; ZHOU, Xiaoyan. ESG Shareholder Engagement and Downside Risk. **European Corporate Governance Institute (Ecgi)**: Finance Research Paper Series, v. 671, 30 abr. 2021. Disponível em: https://papers.ssrn.com/sol3/papers.cfm?abstract_id=2874252#. Acesso em: 02 mar. 2021.

KRUEGER, Philipp; SAUTNER, Zacharias; TANG, Dragon Yongjun; ZHONG, Rui. The Effects of Mandatory ESG Disclosure around the World. **European Corporate Governance Institute**, n. 754, 63 p., 11 maio 2021. Disponível em: https://papers.ssrn.com/sol3/papers.cfm?abstract_id=3832745. Acesso em: 06 jun. 2021.

LEE, Darren D.; FAFF, Robert W.; REKKER, Saphira A.C.. Do high and low-ranked sustainability stocks perform differently? **International Journal of Accounting & Information Management**, v. 21, n. 2, p. 116-132, 3 maio 2013. Disponível em: https://espace.library.uq.edu.au/view/UQ:295642. Acesso em: 04 abr. 2021.

LIPTON, Martin. **Purpose, Stakeholders, ESG and Sustainable Long-Term Investment**. Harvard Law School Forum on Corporate Governance. 24 dez. 2019. Disponível em: https://corpgov.law.harvard.edu/2019/12/24/purpose-stakeholders-esg-and-sustainable-long-term-investment/. Acesso em: 25 abr. 2021.

LIPTON, Martin; ROSENBLUM, Steven A.; CAIN, Karessa L.; TATUM, Kathleen I. **Some Thoughts for Boards of Directors in 2020**. 24 dez. 2019. Disponível em: https://www.wlrk.com/webdocs/wlrknew/ClientMemos/WLRK/WLRK.26708.19.pdf. Acesso em: 24 dez. 2019.

LIPTON, Martin; ROSENBLUM, Steven A.; SAVITT, William. **A Framework for Management and Board of Directors Consideration of ESG and Stakeholder Governance**. Harvard Law School Forum on Corporate Governance. 05 jun. 2020.

LINS, Karl V.; SERVAES, Henri; TAMAYO, Ane. Social Capital, Trust, and Firm Performance: the value of corporate social responsibility during the financial crisis. **The Journal of Finance**, v. 72, n. 4, p. 1785-1824, 9 maio 2017. Disponível em: http://eprints.lse.ac.uk/68059/13/Tamayo_Social%20capital1.pdf. Acesso em: 04 abr. 2021.

LUCIA, Caterina de; PAZIENZA, Pasquale; BARTLETT, Mark. Does Good ESG Lead to Better Financial Performances by Firms? Machine Learning and Logistic Regression Models of Public Enterprises in Europe. **Sustainability**, v. 12, n. 13, p. 53, 1 jul. 2020. Disponível em: https://www.mdpi.com/2071-1050/12/13/5317. Acesso em: 04 abr. 2021.

LUMIVIRTA, Karri. **The returns of Socially Responsible Investment**: a study of ESG investment performance. 2020. 70 f. Tese (Doutorado) – Curso de Economia, Finanças e Estatísticas, Hanken School Of Economics, Helsinki, 2020.

MAHONEY, Paul G.; MAHONEY, Julia D.. The New Separation of Ownership and Control: Institutional Investors and ESG. **Columbia Business Law Review, Forthcoming**, Virginia, 30 p., 22 mar. 2021. Disponível em: https://papers.ssrn.com/sol3/papers.cfm?abstract_id=3809914. Acesso em: 06 maio 2021. (Virginia Law and Economics Research Paper No. 2021-09).

MORGAN STANLEY. **Sustainable Reality**: analyzing risk and returns of sustainable funds. EUA: 1, 2019. 11 p. Disponível em: https://www.morganstanley.com/pub/content/dam/msdotcom/ideas/sustainable--investing-offers-financial-performance-lowered-risk/Sustainable_Reality_Analyzing_Risk_and_Returns_of_Sustainable_Funds.pdf. Acesso em: 21 maio 2021.

ORGANIZAÇÃO DAS NAÇÕES UNIDAS (ONU). **Who Cares Wins**: connecting financial markets to a changing world. Genebra (Suíça): The Global Compact, 2004. 58 p. Disponível em: https://d306pr3pise04h.cloudfront.net/docs/issues_doc%2FFinancial_markets%2Fwho_cares_who_wins.pdf. Acesso em: 25 mar. 2021.

PARGUEL, B.; BENOÎT-MOREAU, F.; LARCENEUX, F. How sustainability ratings might deter 'greenwashing': A closer look at ethical corporate communication. **Journal of business ethics**, 102, n. 1, p. 15-28, 2011.

RAGHUNANDAN, Aneesh; RAJGOPAL, Shivaram. Do ESG Funds Make Stakeholder-Friendly Investments? **SSRN Electronic Journal**, 58 p., 03 maio 2021. Disponível em: https://papers.ssrn.com/sol3/papers.cfm?abstract_id=3826357. Acesso em: 02 mar. 2021.

SCHAWBEL, D. John Mackey: **Why companies should embrace conscious capitalism**. Forbes. January 15, 2013.

SUSTAINABILITY ACCOUNTING STANDARDS BOARD. **SASB Standards connect business and investors on the financial impacts of sustainability.** Disponível em: https://www.sasb.org/about/. Acesso em: 15 jun. 2021.

TKINS, Betsy. **ESG History & Status**. Miami: Baja Corp., 2020. 27 p. Disponível em: https://insights.diligent.com/wp-content/uploads/2020/06/ESG-History-Status.pdf. Acesso em: 04 abr. 2021.

VELTE, Patrick. Does ESG performance have an impact on financial performance? Evidence from Germany. **Journal Of Global Responsibility**, v. 8, n. 2, p. 169-178, 13 jun. 2017. Disponível em: https://www.emerald.com/insight/content/doi/10.1108/JGR-11-2016-0029/full/html. Acesso em: 21 maio 2021.

WHELAN, Tensie; ATZ, Ulrich; VAN HOLT, Tracy; CLARK, Casey. **ESG and Financial Performance**: uncovering the relationship by aggregating evidence from 1,000 plus studies published between 2015 – 2020. New York University, 2021. Center of Sustainable Business.

ZUMENTE, Ilze; BISTROVA, Jūlija. ESG Importance for Long-Term Shareholder Value Creation: literature vs. practice. **Journal Of Open Innovation**: Technology, Market, and Complexity, [*s. l*], v. 7, n. 2, p. 127, 6 maio 2021. Disponível em: https://www.mdpi.com/2199-8531/7/2/127#cite. Acesso em: 04 abr. 2021.

Legislação

BRASIL. **Lei nº 6.404, de 15 de dezembro de 1976**. Dispõe sobre as Sociedades por Ações. Disponível em <http://www.planalto.gov.br/ccivil_03/leis/l6404consol.htm>. Acesso em 14 fev. 2021.

LAW AND ECONOMICS E *COST SHARING AGREEMENT*: ANÁLISE DA TRIBUTAÇÃO DOS REEMBOLSOS NOS CONTRATOS DE RATEIO DE CUSTOS E DESPESAS EM GRUPOS ECONÔMICOS INTERNACIONAIS COM CENTRO DE CUSTO NO EXTERIOR

Otávio Ev

Introdução

Os *Cost Sharing Agreements* (CSA's), contratos de compartilhamento de custos na língua portuguesa, ainda não possuem previsão legal no ordenamento jurídico brasileiro, sendo, por este motivo, considerados contratos atípicos que possuem como propósito a otimização de processos operacionais ligados a tarefas de *back-office*[1] e consequente redução de despesas ligadas a essas atividades, através da centralização de determinadas atribuições operacionais empresariais em uma única empresa de um grupo econômico.[2]

[1] "A ideia do backoffice se refere à retaguarda administrativa/financeira, responsável por resolver problemas rotineiros nas empresas. Ainda que esse setor não tenha contato direto com o cliente, seus procedimentos são essenciais para os processos internos, que refletem diretamente no lucro da instituição e na satisfação do cliente." TOTVS. **O que é backoffice e qual a sua importância nos negócios?** Disponível em: <https://www.totvs.com/blog/negocios/backoffice/>. Acesso em: 21 ago. 2021.

[2] Galhardo, Luciana Rosanova; Carpinetti, Ana Carolina. **Aspectos Fiscais do Rateio Internacional de Custos e Despesas.** Disponível em:

Com isso, permite-se que os procedimentos utilizados por empresas de uma mesma organização multiempresarial sejam realizados com um maior grau de assertividade e padronização, consequentemente reduzindo-se custos e tempo dispendido para a realização das atividades de *back-office* das empresas[3].

No cenário dos grupos econômicos com centro de custos no Brasil, há entendimento da Receita Federal do Brasil (RFB) de que inexiste a necessidade de tributação dos CSA's, pelo fato de não haver qualquer tipo de geração de receita para a empresa responsável pelas atividades, uma vez que os valores alcançados pelas outras empresas do grupo a ela possuírem caráter exclusivo de reembolso de custos e despesas.[4]

Entretanto, ainda que a lógica envolvendo os referidos contratos no âmbito dos grupos econômicos com o centro de custos das atividades de *back-office* localizados no exterior seja exatamente a mesma (ou, pelo menos, extremamente semelhante), por alguma razão, o entendimento da RFB é de que sobre estes contratos incidirá tributação, conforme, por exemplo, Solução de Consulta 276 de 2019.

Nesse sentido, para que se busque entender a lógica por de trás desta potencial incongruência tributária, aplicar-se-á o ferramental teórico da AED como método de abordagem da pesquisa, principalmente em sua perspectiva positiva[5], bem como

<https://abdf.com.br/artigos/aspectos-fiscais-do-rateio-internacional-de-custos-e-despesas/>. Acesso em: 20 ago. 2021.

[3] Rafaelli, Paulo César Pimentel. **Vantagens dos contratos de rateio de custos e despesas.** Disponível em: <https://www.conjur.com.br/2005-nov-21/vantagens_contratos_rateio_custos_despesas>. Acesso em: 16 ago. 2021.

[4] Silva, Wilson Rodrigo Vieira da. **Dos recentes posicionamentos da Receita Federal do Brasil acerca dos contratos de rateio de custos e despesas.** Revista Eletrônica de Direito Tributário da ABDF, v. 4, n. 32, 2014.

[5] A Análise Econômica do Direito Positiva auxilia na compreensão do sistema normativo, a forma como se dá a sua racionalidade e, ainda, quais são os prováveis impactos decorrentes da adoção de diferentes leis. Nesse sentido, trata-se de

a teoria normativo tributária, na tentativa de encontrar as respostas relacionadas a racionalidade de se tributar os grupos econômicos internacionais ou não.

Diante do cenário supra exposto, a problemática envolvendo o trabalho levitará em torno do seguinte questionamento: existe sentido na tributação dos reembolsos nos contratos de compartilhamento de custos e despesas em grupos econômicos internacionais com centro de custo no exterior?

A partir desse problema se admitiu como pressuposto para o desenvolvimento deste estudo a existência de duas hipóteses: a. a tributação dos reembolsos nos contratos de compartilhamento de custos em grupos econômicos internacionais com centro de custos no exterior se demonstra plenamente justificável a partir de uma análise normativa tributária e econômica; b. inexiste plausibilidade na tributação dos CSA's em grupos econômicos internacionais sob a ótica normativo tributária e jus-econômica.

A resposta para o problema proposto para o presente estudo pode vir a fomentar e auxiliar o desenvolvimento de novas pesquisas ligadas ao movimento *Law and Economics* para a análise de questões ligadas ao cenário tributário. Mais especificamente, acredita-se que o trabalho pode servir de base para o aprofundamento da aplicação do ferramental da Economia para o auxílio no processo de investigação das consequências associadas à tributação de remessas intragrupo econômico para o exterior para a cobertura de custos operacionais, o que pode vir a interferir diretamente no processo de tomada de decisão acerca da formalização legal destas tributações pelas autoridades governamentais.

uma método de abordagem exclusivamente explicativo que possui resultados preditivos. GICO JUNIOR, Ivo T. Introdução ao direito e economia. In: TIMM, Luciano (Org.). **Direito e economia no Brasil**. São Paulo: Atlas, 2012. p. 18.

Mais precisamente, o que se pretende com o presente estudo é: a. compreender os contratos de compartilhamento de custos, a tributação incidente nas remessas a título de reembolso no âmbito de grupos econômicos internacionais com centro de custo no exterior (traçando um rápido paralelo com o cenário de organizações empresariais exclusivamente nacionais) e os argumentos para que se tributem essas remessas para os centros de custos no exterior; b. verificar, brevemente, a natureza da tributação incidente, bem como de que forma é aplicada a teoria econômica para o estudo do Direito; e c. demonstrar se a tributação dos grupos econômicos internacionais possui legitimidade sob o ponto de vista normativo tributário e jus-econômico.

Objetivando chegar às conclusões a que nos propomos, estruturou-se a monografia em dois capítulos intermediários (pós introdução e pré conclusão). No primeiro, apresentar-se-á o que são os contratos de compartilhamento de custos e despesas, sua importância, principais características, o tratamento tributário atualmente dado a estes contratos no âmbito de grupos econômicos exclusivamente nacionais e nos grupos internacionais com centro de custos no exterior. Além disso, trar-se-á as definições acerca do que são considerados custos e despesas no Direito Tributário Brasileiro.

No capítulo seguinte, nos disporemos a apresentar, em apertada síntese, o que é e como se dá a aplicação da AED, bem como aprofundaremos a natureza dos impostos incidentes nos CSA's em grupos internacionais e concluiremos acerca da existência de lógica tributária na cobrança de impostos sobre os reembolsos remetidos aos centros de custos no exterior. Por fim, aplicar-se-á a teoria econômica para a análise das possíveis consequências e da eventual existência de justificativa jus-econômica para a tributação dos reembolsos por parte das autoridades fiscais brasileiras nos contratos de compartilhamento de custos e despesas em grupos econômicos internacionais com centro de custo fora do país.

1. Contratos de compartilhamento de custos e despesas (*cost sharing agreement*)

1.1. Conceito, características e critérios objetivos para o reconhecimento do contrato de rateio de custos e despesas

Ab initio, antes de ingressarmos na complexa análise que objetivamos realizar, é necessário que delineemos o que de fato vem a ser os contratos de rateio de custos e despesas, traçando para isso as suas principais características, requisitos e os critérios objetivos para o seu reconhecimento. Nesse sentido, absolutamente interessante nos valermos da definição da Luciana Rosanova Galhardo a respeito da matéria[6]:

> Os contratos de compartilhamento de custos e despesas são contratos celebrados entre empresas com a finalidade de ratear ou alocar custos ou despesas incorridas por uma delas para as demais, já que tais custos ou despesas acabam por beneficiar todas as empresas envolvidas na produção de bens, serviços ou direitos. De forma geral, a sociedade-mãe[7] ou alguma empresa do grupo constituída para esse fim específico (centro de produção ou serviços do grupo) incorre em gastos ou realiza despesas em proveito de todas ou de parte das demais sociedades integrantes do grupo. A finalidade desses acordos consiste em determinar precisamente o modo e em que medida essas últimas sociedades devem colaborar ou participar dos custos e despesas incorridas pela primeira no interesse das demais, ressarcindo-os sob a forma de reembolso.

Analisando-se a conceituação supra colacionada, é completamente lícito aferirmos que o grande objetivo da operacionalização dos centros de custos compartilhados é a obtenção de um largo

[6] GALHARDO, Luciana Rosanova. **Rateio de Despesas:** Aspectos Tributários. 2. ed. São Paulo: Quartier Latin, 2018. p. 33.

[7] O termo sociedade-mãe é utilizado como sinônimo de da empresa responsável pelas atividades de back-office.

ganho de escala e consequente diminuição de despesas, mediante a implementação de processos internos mais padronizados e com a maior especialização no desempenho das tarefas de *back-office*.[8]

Muito embora estes contratos de rateio tenham surgido no direito brasileiro regulamentados pelo Instituto Nacional de Propriedade Industrial – INPI e versando apenas sobre contratos envolvendo o rateio de custos para a pesquisa e o desenvolvimento de novas tecnologias, hoje, estes CSA's vão muito além, podendo versar sobre atividades como as de recursos humanos, publicidade, métodos e formas de gestão empresarial, assistência contábil e jurídica etc.[9] Mesmo com uma utilização já bastante extensa desta contratualidade por grupos empresariais no Brasil, ainda não há disciplina legal[10] que regulamente estes contratos, tornando-os, por esta razão, contratos considerados atípicos[11]. Isso não quer dizer que estejam à margem da legislação brasileira, uma vez que, conforme preceitua o próprio Código Civil em seu artigo 425, *"é lícito às partes estipular contratos atípicos, observadas as normas gerais fixadas neste Código"*.[12]

[8] Galhardo, Luciana Rosanova. **Rateio de Despesas:** Aspectos Tributários. 2. ed. São Paulo: Quartier Latin, 2018. p. 33.

[9] Galhardo, Luciana Rosanova. **Rateio de Despesas:** Aspectos Tributários. 2. ed. São Paulo: Quartier Latin, 2018. p. 32-35.

[10] Aqui, importante mencionarmos que existem alguns normativos que versam sobre a matéria, como, a título de exemplo: a. Resolução nº 274 de 2001 da Agência Nacional de Telecomunicações; b. Resolução nº 699 de 2016 da Agência Nacional de Energia Elétrica; c. Portaria nº 236 de 1996 do Ministério da Fazenda, dentre outros.

[11] Nominados ou típicos são contratos previstos e suficientemente tratados em lei. Por sua vez, inominados ou atípicos são os contratos não previstos pelo legislador e concebidos no âmbito da autonomia privada. Haddad, Gilberto Jabur. **Classificação dos contratos**. In: Lotufo, Renan; Nanni, Giovanni Ettore (Coord.). Teoria geral dos contratos. São Paulo: Atlas, 2011.

[12] Belluci, Maurício. **Tributação nos Centros de Serviços Compartilhados.** 2015. 292 f. Tese (Doutorado em Direito) – Pontifícia Universidade Católica de São Paulo. São Paulo, 2015. p. 91.

Dentre as principais características dos contratos de rateio, podemos destacar, a partir dos ensinamentos de doutrinador português Alberto Xavier, as seguintes: a. possuem como objeto serviço que atribui um benefício global às empresas do grupo, de maneira com que as despesas/custos para a manutenção da estrutura que operacionaliza o serviço seja de interesse de todos os envolvidos; b. a retribuição dos serviços prestados é objeto de contrato plurilateral, no qual intervêm os beneficiários e o prestador; c. não possuem como objeto a prestação de um serviço isolado, os serviços ou benefícios se prolongam no tempo e são prestados de forma contínua; d. as remunerações previstas nestes contratos estão ligadas a simples disponibilização dos serviços, não pressupondo a sua utilização para que se verifique a necessidade de remunerar. Atribui-se aos envolvidos uma vantagem potencial; e. via de regra a determinação da vantagem obtida por cada empresa do grupo e o consequente cálculo de repartição dos custos é realizada de maneira indireta[13], por estimativa.[14]

Em relação aos requisitos formais para o seu reconhecimento e a consequente adoção de eventual tratamento tributário mais benéfico pelas autoridades fiscais, é fundamental que haja a formalização escrita do contrato, no qual deve constar uma previsão de um critério objetivo e razoável de compartilhamento dos custos e das despesas.[15] Somado a isso, o rateio deve estar

[13] Não exclui-se a possibilidade da determinação individualizada do benefício auferido por cada uma das empresas do grupo, com o consequente rateio direto dos custos. VIEIRA, Lucas Pacheco. **A Tributação nos Contratos de Compartilhamento de Custos e Despesas.** 2018. 161 f. Dissertação (Mestrado em Direito) – Universidade do Vale do Rio dos Sinos. Porto Alegre, 2018. p. 22-23.

[14] XAVIER, Alberto. **Direito Tributário Internacional do Brasil.** 7ª Ed. Rio de Janeiro: forense, 2010. p. 334-335.

[15] PINTO, Alexandre Evaristo. **IRRF nos pagamentos ao exterior em contratos de compartilhamento de custos.** Disponível em: <https://www.conjur.com.

intrinsecamente ligado a atividade-meio da empresa e jamais à atividade-fim e, por fim, não pode haver margem de lucro no recebimento dos valores pelo centro de custo.[16]

Além disso, identificam-se duas formas pelas quais o contrato de compartilhamento de custos pode ser operacionalizado: a. utiliza-se a estrutura de uma empresa do grupo já existente para servir como centro de custos e despesas, nesse caso, a prestação de serviços de *back-office* não é a atividade-fim da empresa; ou b. cria-se uma nova pessoa jurídica com o objeto específico de ser o centro de custos e despesas do grupo, desta forma, sendo a atividade de prestação de serviços para as demais empresas do grupo a sua única e exclusiva atividade empresarial.[17][18]

Ainda que haja e se fale em prestação de serviços de uma empresa para as outras do grupo multiempresarial, é extremamente importante que se compreenda que contratos de compartilhamento de custos e despesas não se confundem com contratos de prestação de serviço. O cerne da diferenciação entre ambos está no fato de que nos contratos de prestação de

br/2021-mar-24/direto-carf-irrf-pagamentos-exterior-compartilhamento-custos>. Acesso em: 05 nov. 2021.

[16] CALCINI, Fábio Pallaretti. **Contratos de compartilhamento de custos e despesas (cost sharing):** aspectos tributários. Disponível em: <https://www.internationaltaxreview.com/article/b1ky5llc0mw4yg/contrato-de-compartilhamento-de-custos-e-despesas-cost-sharing-aspectos-tribut225rios>. Acesso em: 05 nov. 2021.

[17] GALHARDO, Luciana Rosanova. **Rateio de Despesas:** Aspectos Tributários. 2. ed. São Paulo: Quartier Latin, 2003. P. 50-51.

[18] NE: existe diferença envolvendo a tributação de cada um destes diferentes modelos de implementação dos contratos de rateio, bem como vantagens e desvantagens que extrapolam a matéria tributária. Entretanto, para fins da análise que nos propomos na presente monografia, inexiste maiores razões para que nos aprofundemos na análise envolvendo estas diferenças. Por esta razão, a título informativo, optou-se por apenas indicar as duas possibilidades de operacionalização dos contratos.

serviços propriamente ditos há remuneração e/ou o acréscimo de margem de lucro (onerosidade), o que não se verifica nos contratos de rateio. Nesses, existe a mera repartição (reembolso) dos custos e despesas que foram ou que serão incorridos pela sociedade-mãe.[19] No que tange ao conceito de reembolso, é a definição de De Plácido e Silva[20]:

> Reembolso, assim, opõe-se ao sentido de desembolso, representativo de gasto, dispêndio ou adiantamento feito por conta ou em proveito de outrem. E, direito de reembolso, na linguagem jurídica, é aquele que se assegura a toda pessoa que tenha despendido ou pago quantias, por conta de outrem, ou que lhes tenha emprestado para que possa exigir a restituição das mesmas quantias ou importâncias.

Para que possamos seguir sem maiores dúvidas em relação a diferença entre as duas contratualidades, em breves linhas, é a diferenciação: enquanto os contratos de prestação de serviços a. são regulamentados pelo Código Civil, b. são onerosos e c. os ingressos financeiros do prestador são qualificados como rendimentos; os contratos de rateio de custos e despesas são a. atípicos, b. não onerosos e c. tem seus ingressos financeiros caracterizados como reembolso.[21]

[19] GALHARDO, Luciana Rosanova. **Rateio de Despesas:** Aspectos Tributários. 2. ed. São Paulo: Quartier Latin, 2003. P. 39-40.

[20] DE PLÁCIDO E SILVA, 1967. Citado por GALHARDO, Luciana Rosanova. **Rateio de Despesas:** Aspectos Tributários. 2. ed. São Paulo: Quartier Latin, 2003. p. 41.

[21] GALHARDO, Luciana Rosanova. **Rateio de Despesas:** Aspectos Tributários. 2. ed. São Paulo: Quartier Latin, 2003. P. 44.

1.2. Definição de custos e despesas no direito tributário brasileiro

É necessário para que compreendamos com maior profundidade a contratualidade que se examina neste trabalho, o entendimento do que exatamente são custos e despesas, objeto central destes contratos empresariais. Ambos estão qualificados enquanto gastos, diferenciando-se em relação ao que se destina esse dispêndio financeiro, como ver-se-á brevemente nas linhas que seguem.[22]

Os custos estão relacionados aos gastos envolvendo bens ou serviços essenciais para a produção de outros bens e serviços. Com isso, estão diretamente ligados ao processo produtivo da atividade fim da empresa. A título exemplificativo, podemos mencionar o custo de aquisição de matéria-prima, pagamento dos salários dos funcionários ligados à cadeia produtiva, pagamento de contas de energia elétrica etc.[23]

Por outro lado, as despesas são os gastos ligados a tarefas que também são de suma importância para o sucesso da atividade empresarial, mas que não necessariamente sejam tão vitais para o funcionamento da companhia quanto os custos. Via de regra, são os dispêndios financeiros relacionados ao setor administrativo e comercial. Como exemplo de despesas, podemos trazer os gastos envolvendo o pagamento de contas de telefone, os salários dos funcionários administrativos, as comissões dos representantes comerciais, entre outros. [24]

Nesse sentido, a distinção entre os custos e as despesas podem ser elucidados de forma simplificada da seguinte maneira: todos os

[22] VICECONTI, Paulo Eduardo Vilchez; NEVES, Silvério das. **Contabilidade de Custos: um enfoque direto e objetivo.** 11ª Ed. São Paulo: Saraiva, 2013. p. 13-14.

[23] VICECONTI, Paulo Eduardo Vilchez; NEVES, Silvério das. **Contabilidade de Custos: um enfoque direto e objetivo.** 11ª Ed. São Paulo: Saraiva, 2013. p. 13.

[24] PADOVEZE, Clóvis Luis. **Contabilidade de Custos:** teoria, pratica, integração com Sistemas de Informações (ERP). São Paulo: Cengage Learning, 2015. p. 16.

dispêndios financeiros realizados para que o produto esteja pronto para ser entregue ao mercado são caracterizados enquanto custos; tudo aquilo que vem a partir daí, inclusive os esforços de marketing para que a venda venha de fato a ser efetivada, por exemplo, são gastos.[25] Além disso, importante mencionar que os custos via de regra são incorporados às contas do ativo, apenas sendo debitados quando os bens que representam de fato não façam mais parte do patrimônio da empresa (no momento em que ocorre a alienação, depreciação, amortização etc.), enquanto as despesas são automaticamente debitadas no resultado do período em que ocorreram.[26]

Realizada a apresentação dos conceitos de custos e despesas e feita a distinção entre ambos, podemos fechar o tópico com a conclusão de que os contratos de rateio de custos e despesas podem compreender: o rateio de custos, fazendo com que a empresa filiada se torne cotitular do bem, direito ou serviço adquirido; o rateio de despesas, fazendo com que o gasto seja lançado na conta dos resultados, desde que respeitados os critérios e condições para a dedutibilidade[27]; e, ainda, o rateio dos custos e das despesas, cumulativamente[28].

[25] VIEIRA, Lucas Pacheco. **A Tributação nos Contratos de Compartilhamento de Custos e Despesas.** 2018. 161 f. Dissertação (Mestrado em Direito) – Universidade do Vale do Rio dos Sinos. Porto Alegre, 2018. p. 27.

[26] MARIZ DE OLIVEIRA, Ricardo. **Fundamentos do Imposto de Renda.** São Paulo. Quartier Latin, 2008. p. 674.

[27] NE: no que tange à dedutibilidade, é preciso que se destaque que também há importante discussão ligada aos requisitos necessários para que a dedução seja viabilizada, bem como a respeito da possibilidade de dedução das remessas encaminhadas a título de reembolso aos centros de custos do exterior. Entretanto, por necessidade de limitação do tema, nos ateremos exclusivamente à análise da tributação das remessas ao exterior a título de reembolso, deixando a análise relacionada a dedutibilidade desses valores para fins de apuração de IRPJ, por exemplo, para um próximo trabalho, principalmente em razão da limitação de páginas da presente monografia.

[28] GALHARDO, Luciana Rosanova. **Rateio de Despesas:** Aspectos Tributários. 2. ed. São Paulo: Quartier Latin, 2003. p. 35.

1.3. Tratamento tributário dos reembolsos nos contratos de rateio de custos em grupos econômicos em âmbito exclusivamente nacional

De acordo com o apresentado em relação ao conceito e as características da figura do reembolso dentro dos contratos de compartilhamento de custos, levando-se em consideração, principalmente, a ausência de acréscimo patrimonial, é plenamente possível sustentar que os valores alcançados à sociedade-mãe não devem sofrer tributação de renda, receita e de prestação de serviços[29].

Ocorre que, na prática, pela ausência de regulamentação legislativa acerca destes contratos, as empresas poderiam se ver assumindo o risco de ter os valores recebidos a título de reembolso sendo encarados como remuneração pelas autoridades fiscais brasileiras, o que acabaria ensejando na tributação de: a. Imposto de Renda Pessoa Jurídica – IRPJ; b. Contribuição Social Sobre o Lucro Líquido – CSLL; c. Contribuição ao Programa de Integração Social – PIS e Contribuição para o Financiamento da Seguridade Social – COFINS e d. Imposto sobre Serviços – ISS.[30]

[29] Castro, Leonardo Moraes e. **Tratamento Tributário aplicável aos Contratos de Rateio/Compartilhamento (Cost Sharing Agreements):** IRPJ, CSLL, PIS, COFINS, ISS e Critérios para dedutibilidade de despesas. Disponível em: <https://www.buenoecastro.tax/artigos/2021/01/tratamento-tributario-aplicavel-aos-contratos-de-rateio-compartilhamento-de-custos-e-despesas-cost-sharing-agreements-irpj-csll-pis-cofins-iss-e-criterios-para-dedutibilidade-de-despesas/>. Acesso em: 01 dez. 2021.

[30] Castro, Leonardo Moraes e. **Tratamento Tributário aplicável aos Contratos de Rateio/Compartilhamento (Cost Sharing Agreements):** IRPJ, CSLL, PIS, COFINS, ISS e Critérios para dedutibilidade de despesas. Disponível em: <https://www.buenoecastro.tax/artigos/2021/01/tratamento-tributario-aplicavel-aos-contratos-de-rateio-compartilhamento-de-custos-e-despesas-cost-sharing-agreements-irpj-csll-pis-cofins-iss-e-criterios-para-dedutibilidade-de-despesas/>. Acesso em: 01 dez. 2021.

Para se trazer um maior grau de assertividade na resposta relacionada a maneira com que a contratualidade é atualmente interpretada pelas autoridades fiscais e sua (não) tributação realizada, faz-se necessária a análise das mais recentes manifestações da RFB acerca da matéria e de que forma as eventuais discussões vêm sendo resolvidas pelos tribunais administrativos e judiciais. E, nesse sentido, verifica-se que por mais que as discussões ainda não tenham sido completamente pacificadas, há uma inclinação bastante forte pela não tributação dos reembolsos quando estamos diante de um centro de custos localizado no Brasil.[31]

Corroborando a afirmação supra, em manifestação extremamente recente, a RFB se posicionou através da Solução de Consulta nº 149 de 2021 no sentido de que os valores auferidos a título de reembolso pela empresa centralizadora dos custos e das despesas no Brasil não serão considerados como receita para fins de apuração do IRPJ, da CSLL, do Pis e da Cofins, desde que respeitados os requisitos formais e materiais para a caracterização do contrato de *cost sharing*.[32]

Soma-se à esse posicionamento, ainda, a Solução de Consulta nº 23 de 2013, que reconhece a operação dos contratos de compartilhamento de custos e despesas, afirmando ser lícita a centralização dos custos e despesas em uma única pessoa jurídica com o posterior rateio dos dispêndios entre as outras empresas do grupo, não sendo caracterizado esse reembolso como receita para fins de tributação. Aliando-se essas manifestações aos recentes posicionamentos reiterados do CARF concluindo

[31] VIEIRA, Lucas Pacheco. **A Tributação nos Contratos de Compartilhamento de Custos e Despesas.** 2018. 161 f. Dissertação (Mestrado em Direito) – Universidade do Vale do Rio dos Sinos. Porto Alegre, 2018. p. 150-155.

[32] Na ocasião, a manifestação se deu exclusivamente em relação a empresas pautadas pelo lucro presumido.

pela ausência de fato gerador de tributo[33], resta evidenciada a inclinação das autoridades brasileiras à não tributação dos reembolsos nos centros de custos localizados no Brasil.[34]

1.4. Tratamento tributário dos reembolsos nos contratos de rateio de custos e despesas em grupos econômicos internacionais com sociedade-mãe no exterior

Dentro do espectro de CSA's em grupos econômicos internacionais, existe, em relação ao centro de custos, basicamente duas possibilidades: a. o centro de custos do grupo estar localizado em território brasileiro; ou b. o centro de custos estar localizado no exterior. Em relação à primeira hipótese, no que tange ao tratamento dado pelas autoridades fiscais brasileiras, compartilha-se entendimento semelhante ao apresentado no tópico anterior. Entretanto, nos casos em que a sociedade-mãe esteja localizada no exterior, o cenário em relação ao tratamento tributário dado pelas autoridades fiscais do Brasil é substancialmente diferente, ainda que não haja entendimento completamente pacificado sobre a matéria.[35]

Neste tópico, portanto, trataremos exclusivamente dos contratos com operações *cross-border* nos quais as remessas de reembolsos são realizadas do Brasil para o exterior (centro de custos

[33] Paro, Giácomo; Stanton, Gabriel. **CARF e a tributação nos contratos de compartilhamento de custos.** Disponível em: https://www.jota.info/opiniao-e-analise/colunas/coluna-do-carf/carf-e-a-tributacao-nos-contratos-de-compartilhamento-de-custos-24082021. Acesso em: 02 dez. 2021.

[34] Brigagão, Gustavo. **Controvérsias sobre regras de tributação do rateio de despesas caminha para o fim.** Disponível em: <https://www.conjur.com.br/2014-jun-18/rateio-despesas-encontrar-respaldo-razoes-economicas?imprimir=1>. Acesso em: 18 nov. 2021.

[35] Calcini, Fábio Pallaretti. **Contratos de compartilhamento de custos e despesas (cost sharing):** aspectos tributários. Disponível em: <https://www.internationaltaxreview.com/article/b1ky5llc0mw4yg/contrato-de-compartilhamento-de-custos-e-despesas-cost-sharing-aspectos-tribut225rios>. Acesso em: 05 nov. 2021.

fora do país). Nestes casos, existem três diferentes principais aspectos que obrigatoriamente devem ser levados em consideração no momento da operacionalização das remessas[36]: a. a eventual incidência da tributação que via de regra se aplica nas importações, quais sejam: IRF, CIDE-Royalties, PIS/COFINS – Importação, ISS e, ainda, IOF; b. quais são as obrigações acessórias em relação ao contrato de rateio no país e c. questões cambiais atinentes ao envio dos reembolsos ao exterior.[37]

Inegável a falta de um entendimento concreto e uniforme quando o assunto é a eventual incidência de tributação nos contratos de rateio com centro de custo no exterior. No que tange ao IRF, por exemplo, é cediço que no caso de renda e proventos de qualquer natureza provenientes de fonte brasileira e recebidos por residentes ou domiciliados no exterior há a incidência do imposto. Entretanto, nos contratos de rateio a sociedade-mãe não aufere renda, recebe apenas reembolso por uma despesa ou custo compartilhado. E, por mais que a forma com que a remessa de valores ocorre possa ser extremamente semelhante, necessário se faz a distinção entre o "título contábil" que a remessa receberá no exterior, uma vez que renda é renda e reembolso, reembolso.[38]

Assim como a controvérsia trazida envolvendo o IRF, há controvérsias em relação a todos os outros tributos mencionados[39].

[36] No presente trabalho, entretanto, nos manteremos restritos às análises envolvendo exclusivamente o primeiro aspecto (eventual incidência de tributação), em razão da delimitação do objeto de pesquisa.

[37] Galhardo, Luciana Rosanova. **Rateio de Despesas:** Aspectos Tributários. 2. ed. São Paulo: Quartier Latin, 2003. p. 191.

[38] Pinto, Alexandre Evaristo. **IRRF nos pagamentos ao exterior em contratos de compartilhamento de custos.** Disponível em: < https://www.conjur.com.br/2021-mar-24/direto-carf-irrf-pagamentos-exterior-compartilhamento-custos>. Acesso em: 05 nov. 2021.

[39] Com exceção do IOF, no qual a discussão envolve muito mais a alíquota do que a incidência em si.

A RFB já analisou questões envolvendo a eventual incidência ou não de tributação (e de quais tributos) nos contratos de rateio e mesmo nas suas próprias manifestações ao longo dos anos não se encontra absoluta concretude de posicionamento, com algumas manifestações que dão margem para dupla interpretação da situação tributária destas contratualidades. Nos órgãos administrativos de julgamento de matéria tributária e na doutrina também não encontramos uniformidade de entendimento.[40]

Entretanto, no que se refere ao posicionamento das autoridades brasileiras em relação a tributação dessas operações *cross-border* nos CSA's com centro de custos no exterior, a partir de uma análise direcionada das principais soluções de consulta da RFB acerca do tema, percebe-se que há forte inclinação à incidência da tributação referida[41], conforme podemos verificar[42]:

a. Solução de Consulta DISIT nº 462 de 2006 e Solução de Consulta DISIT nº 2.014 de 2018: referem incidir IRRF, CIDE, PIS e COFINS – Importação nas remessas realizadas ao centro de custo no exterior, ainda que se trate de reembolso dos contratos de compartilhamento de custos e despesas.;
b. Solução de Consulta DISIT nº 6024 de 30 de maio de 2017: menciona que os valores pagos a residente ou domiciliado no exterior por atividades de *back-office*, mesmo

[40] Galhardo, Luciana Rosanova. **Rateio de Despesas:** Aspectos Tributários. 2. ed. São Paulo: Quartier Latin, 2003. p. 198.

[41] Neste ponto, importante mencionarmos que muito embora o ISS não apareça nas soluções de consulta, a inclinação pela tributação também refere-se a ele. No que tange ao IOF, é indiscutível a incidência.

[42] Pinto, Alexandre Evaristo. **IRRF nos pagamentos ao exterior em contratos de compartilhamento de custos.** Disponível em: <https://www.conjur.com.br/2021-mar-24/direto-carf-irrf-pagamentos-exterior-compartilhamento-custos>. Acesso em: 05 nov. 2021.

que no âmbito dos CSA's, terão a incidência de IRRF, Cide, Pis/Cofins-Importação.

c. Além destas, pode-se ainda citar a Solução de Consulta nº 163 de 2012 e a Solução de Consulta COSIT nº 43 de 2015, nas quais a expressas manifestações acerca da incidência de IRRF e CIDE nesses contratos de rateio.[43]

Além do posicionamento praticamente consolidado da RFB, os posicionamentos mais recentes do CARF a respeito da matéria também seguem no sentido da tributação. Portanto, ainda que apresentada a controvérsia a respeito da eventual incidência da tributação no início do presente tópico, podemos concluir no sentido de que as autoridades fiscais brasileiras, em sua maioria, entendem pela incidência de IRRF, CIDE, Pis e Cofins Importação e ISS[44] nas remessas de reembolsos ao sociedade-mãe localizada no exterior.[45]

2. Análise dos contratos de rateio de custos em grupos econômicos internacionais

2.1. Análise econômica do direito

Antes de iniciarmos a aplicação da metodologia da AED no presente estudo, importante trazermos de forma breve como exatamente se dá a interdisciplinaridade entre Direito e Eco-

[43] Pinto, Alexandre Evaristo. **IRRF nos pagamentos ao exterior em contratos de compartilhamento de custos.** Disponível em: < https://www.conjur.com.br/2021-mar-24/direto-carf-irrf-pagamentos-exterior-compartilhamento-custos>. Acesso em: 05 nov. 2021.

[44] Além do IOF, mas que – por não haver maiores dúvidas a respeito da sua incidência – acaba ficando em segundo plano, visto que não há muito o que se discutir e analisar em relação ao tributo.

[45] Pinto, Alexandre Evaristo. **IRRF nos pagamentos ao exterior em contratos de compartilhamento de custos.** Disponível em: < https://www.conjur.com.br/2021-mar-24/direto-carf-irrf-pagamentos-exterior-compartilhamento-custos>. Acesso em: 05 nov. 2021.

nomia e de que forma se aplica para a análise das mais diversas questões jurídicas, tributárias e cotidianas. E, nesse sentido, veremos que, embora tenham o mesmo objeto de estudo – o comportamento humano – as ciências do Direito e da Economia são completamente dissonantes em relação a forma que operacionalizam os seus estudos[46][47].

Entretanto, ainda que haja essa indiscutível contraposição entre as suas formas de enxergar e analisar fatos sociais, aos poucos foi se percebendo uma necessidade latente de interligação entre ambas para que pudéssemos compreender tanto o Direito, quanto a Economia de uma forma mais completa e abrangente. E nessa fascinante interligação, o Direito ajuda os economistas a enxergarem com maior clareza a importância de institutos jurídicos e a Economia, por sua vez, facilita a compreensão das consequências práticas de cada decisão tomada por parte dos operadores do Direito[48].

E, especificamente no que tange a compreensão da extensão de cada ato tomado e de suas consequências, levando-se em consideração critérios como a escassez de recursos[49], é que

[46] SALAMA, Bruno Meyerhof. O que é "Direito e Economia"? In TIMM, Luciano Benetti (org.). **Direito & Economia.** Porto Alegre: Livraria do Advogado, 2008, p. 49.

[47] Lecionou exatamente neste sentido José Reinaldo de Lima Lopes: "Enquanto o Direito é exclusivamente verbal, a Economia é também matemática; enquanto o Direito é marcadamente hermenêutico, a Economia é marcadamente empírica; enquanto o Direito aspira ser justo, a Economia aspira ser científica; enquanto a crítica econômica se dá pelo custo, a crítica jurídica se dá pela legalidade." LOPES, José Reinaldo de Lima. **Direitos sociais**: teoria e prática. São Paulo: Método, 2006. p. 271.

[48] COOTER, Robert; ULEN, Thomas. **Direito e economia**. 5. ed. Porto Alegre: Bookman, 2010. p. 33.

[49] Que é justamente o que faz os indivíduos e a sociedade como um todo obrigarem-se a tomar decisões, que – inclusive – nem sempre são desejáveis. GICO JR., Ivo. **Introdução ao direito e economia.** In: TIMM, Luciano (Org.). Direito e economia no Brasil. 2. ed. São Paulo: Atlas, 2014. p.19.

verifica-se um dos (se não o principal) papel da economia para o sistema jurídico: análise da forma com que os indivíduos se comportam diante dos incentivos que são postos a eles. Nesse sentido, Bruno Meyerhof Salama leciona de que maneira os incentivos influenciam no momento de tomada de decisão de uma pessoa (seja ela física ou jurídica)[50]:

> Nos mercados, indivíduos procuram maximizar seus benefícios realizando escolhas que minimizem seus custos e maximizem seus benefícios. Isso quer dizer que os consumidores geralmente irão consumir menor quantidade de um bem quando o preço subir, e maior quantidade quando o preço cair. Os produtores, por sua vez, geralmente seguirão o caminho o oposto, isto é, produzirão maior quantidade de um bem quando o preço de venda em mercado sobe, e menor quantidade quando o preço cai. As condutas humanas, inseridas em determinado contexto institucional, podem seguir uma dinâmica parecida. Por exemplo: de acordo com o Código Nacional de Trânsito, exceder o limite de velocidade em uma rodovia enseja o pagamento de multa. Portanto, ao dirigir um automóvel em alta velocidade cada motorista irá sopesar, de um lado, (a) o benefício auferido com o aumento da velocidade (devido, por exemplo, ao prazer de dirigir em alta velocidade ou ao menor tempo do percurso) e, de outro, (b) o custo da multa por excesso de velocidade ponderado pela probabilidade de que haja autuação e imposição da multa. Neste caso específico, os incentivos legais resultam do limite de velocidade estabelecido em lei, do valor da multa e da eficácia da fiscalização.

Dito isso, tendo-se em vista que são os incentivos apresentados aos indivíduos que os fazem realizar as suas tomadas de

50 SALAMA, Bruno M. **O que é Pesquisa em Direito e Economia?** Caderno DIREITO GV, v. 22, Mar. 2008. p. 21-22.

decisões em relação a simples questões cotidianas até complexas operações empresariais, resta clara a importância da teoria econômica não apenas para o estudo do Direito no geral, mas também para a compreensão da lógica da tributação dos contratos de compartilhamento de custos em grupos econômicos internacionais especificamente, o que far-se-á nas linhas que seguem.

2.2. Natureza dos impostos incidentes nos *Cost Sharing Agreement*

Conforme já antecipado em linhas anteriores, ao contrário do que acontece nos contratos de compartilhamento de custos dentro de grupos econômicos com empresas sediadas exclusivamente em território nacional, nos quais não há tributação das remessas realizadas, quando estamos diante do cenário de remessas realizadas ao exterior, o fisco optou por tributar os valores internacionalmente remetidos. É necessário, para que se consiga compreender o racional desta tributação, pormenorizarmos a análise dos tributos incidentes nestes contratos[51].

De acordo com recente posicionamento da RFB nas Soluções de Consulta nº 276 de 2019 e nº 43 de 2015, existe a incidência dos seguintes impostos nos *Cost Sharing Agreement*: a. Imposto de Renda Retido na Fonte – IRRF; b. Contribuição de Intervenção no Domínio Econômico – Royalties; e c. Pis/Pasep – Importação e Cofins-Importação[52].

O IRRF é o imposto incidente sobre a renda e os proventos de qualquer natureza. Para que se entenda um pouco melhor a

[51] Galhardo, Luciana Rosanova; Carpinetti, Ana Carolina. **Aspectos Fiscais do Rateio Internacional de Custos e Despesas.** Disponível em: <https://abdf.com.br/artigos/aspectos-fiscais-do-rateio-internacional-de-custos-e-despesas/>. Acesso em: 07 nov. 2021.

[52] Além destes tributos, há entendimento, ainda, relacionado a incidência de ISS e IOF.

sistemática do tributo, necessário esclarecimento acerca do que se entende por renda e proventos: pode-se afirmar que a renda é o acréscimo de patrimônio oriundo de capital investido e/ou do próprio trabalho, enquanto proventos também são acréscimos patrimoniais, mas decorrentes de uma atividade que já se encerrou. Percebe-se, portanto, que o que se verifica como elemento comum de ambos os conceitos é justamente o acréscimo patrimonial[53].

Objetivando melhor aclarar aquilo que se entende pelos conceitos de renda e proventos de qualquer natureza, o que é de extrema importância para que analisemos eventuais justificativas para a tributação das remessas ao exterior nos contratos de rateio de custos, trazemos a lição de Roque Antonio Carraza[54]:

> "Renda é a disponibilidade de riqueza nova, havida em dois momentos distintos. [...] é o acréscimo patrimonial experimentado pelo contribuinte, ao longo de um determinado período de tempo. Ou, ainda, é o resultado positivo de uma subtração que tem, por minuendo, os rendimentos brutos auferidos pelo contribuinte, entre dois marcos temporais, e, por subtraendo, o total das deduções e abatimentos, que a Constituição e as leis que com ela se afinam permitem fazer. [...] tanto a renda quanto os proventos de qualquer natureza pressupõem ações que revelem mais valias, isto é, incrementos na capacidade contributiva. Só diante de realidades econômicas novas, que se incorporam ao patrimônio da pessoa [...], é que podemos juridicamente falar em renda ou proventos de qualquer natureza".

53 PAULSEN, Leandro. **Curso de Direito Tributário.** 11ª Ed. São Paulo: Saraiva Educação, 2020. p. 402.

54 CARRAZA, Roque Antonio. A natureza meramente interpretativa do art. 129 da Lei 11.196/05, o imposto de renda, a contribuição previdenciária e as sociedades de serviços profissionais. RDDT, 154, jul. 2008, p. 109.

Em breve suma, o fato gerador do IRRF nada mais é do que a aquisição da disponibilidade econômica ou jurídica de renda ou de proventos de qualquer natureza, conforme o próprio Código Tributário Nacional (CTN) em seu artigo 43. Não configurando renda ou provento, nesse sentido, o simples ingresso de valores no caixa de uma empresa, quando não haverá a possibilidade de dispor destes recursos a bel prazer, ou seja, quando os valores que ingressam já estão comprometidos com o custeio operacional ou com a obrigatoriedade do repasse do valor para algum ente federativo, por exemplo[55].

Colocando fim à análise do IRRF, importante trazermos que uma de suas principais características para fins da análise dos contratos de rateio de custos em grupos internacionais é a extraterritorialidade do tributo[56]. E, ainda, que nos contratos em análise, em sendo a "percepção de rendimentos"[57] paga por pessoa jurídica, a sistemática obrigatória é a de retenção na fonte, conforme preceitua o art. 7º da Lei nº 7.713/88.[58]

55 Exemplo que não se encaixa perfeitamente, por se tratar de discussão um pouco diversa, mas que podemos utilizar a título exemplificativo neste ponto é o Tema 69, fixado pelo Supremo Tribunal Federal quando do julgamento do RE 574.706. Na oportunidade, os ministros entenderam que o ICMS não pode ser considerado receita para fins de recolhimento do Pis e da Cofins, vez que não há disponibilidade dos valores para a empresa, visto que o valor apenas ingressa no caixa, porém há de ser obrigatoriamente repassa para os estados.

56 Batista, Nadia Cristina. **Imposto sobre a Renda e Proventos de Qualquer Natureza:** sob a ótica do ordenamento jurídico brasileiro. Disponível em: https://www.thomsonreuters.com.br/content/dam/openweb/documents/pdf/Brazil/revistas-especializadas/rdtc-25-imposto-sobre-a-renda-e-proventos-de-qualquer-natureza.pdf. Acesso em: 18 nov. 2021.

57 Utiliza-se as aspas justamente pelo fato de que, nos contratos de rateio de custos e despesas, a remessa realizada ao exterior talvez não possa ser considerada como percepção de rendimentos para o receptor, uma vez que é mero reembolso operacional.

58 Paulsen, Leandro. **Curso de Direito Tributário.** 11ª Ed. São Paulo: Saraiva Educação, 2020. p. 408.

O segundo tributo em comento é o denominado CIDE--Royalties, instituído pela Lei 10.168 de 2000, em seu Art. 2º, §2º. Originalmente, a contribuição somente incidia sobre as remessas ao exterior destinadas ao pagamento de serviços e royalties ligados à transferência de tecnologia, mas – a partir de uma alteração legislativa realizada pela Lei 10.322 de 2001, estendeu-se a incidência do tributo para as remessas de royalties ao exterior a qualquer título.[59]

Por fim, as últimas informações são referentes ao Pis/Pasep--Importação e ao Cofins-Importação, que foram instituídos pela Lei 10.865/04. O fato gerador de ambos, no caso dos contratos de compartilhamento de custos e despesas, é a remessa de valores a residentes ou domiciliados no exterior a título de contraprestação por serviço prestado. O responsável tributário pelo recolhimento dos tributos é a contratante dos serviços ou, suplementarmente, a beneficiária do serviço.[60]

2.3. Análise da tributação das remessas de reembolsos aos centros de custos localizados no exterior nos CSA's de grupos econômicos internacionais

Neste subcapítulo, a partir do auxílio da teoria jurídico-tributária e da dimensão positiva da AED[61], analisar-se-á o entendimento majoritário das autoridade fiscais brasileiras a respeito dos reembolsos remetidos ao centro de custos no exterior, como forma de concluir acerca da existência de lógica tributária e

[59] Cezaroti, Guilherme; Schoueri, Luis Eduardo. **A CIDE-Royalties e as Remessas por Licença de Distribuição e Comercialização de Programas de Computador**. In: Revista Dialética de Direito Tributário n. 130. São Paulo, Dialética, 2006. p. 50-51.

[60] Paulsen, Leandro. **Curso de Direito Tributário.** 11ª Ed. São Paulo: Saraiva Educação, 2020. p. 505.

[61] Versão já apresentada no transcorrer da introdução e brevemente pormenorizada na nota de rodapé nº 05.

jus-econômica na tributação dessas remessas, bem como a respeito dos prováveis impactos decorrentes da adoção de postura contrária ao reconhecimento da inexistência de fato gerador de tributos nesses contratos de rateio com sociedade-mãe fora do país.

Conforme verificamos em linhas anteriores, muito embora não haja posicionamento firmado de maneira uniforme e incontestável, as autoridades fiscais brasileiras vêm entendendo em sua esmagadora maioria pela incidência de IRRF, CIDE-Royalties, Pis/Pasep Importação e Cofins Importação, ISS e IOF. Para que se realize o estudo proposto, necessário, em um primeiro momento, a análise individualizada a respeito da lógica jurídico-normativa da aplicação ou não de cada um dos tributos.

De acordo com a legislação atinente ao IRRF para o caso, para que seja caracterizada a obrigatoriedade da incidência do imposto, é necessária a verificação de três elementos básicos: renda auferida em qualquer uma das modalidades (rendimentos, ganhos de capital ou proventos), fonte pagadora brasileira e remessa à residente ou domiciliado no exterior. Com isso, sendo inequívoca a existência de fonte brasileira e residente ou domiciliado no exterior, basta nos atermos a análise de existência de renda para concluir sobre a necessidade de tributar em IRRF a contratualidade e a operação sob análise.[62]

Vimos de forma elucidativa, no subcapitulo anterior, o que exatamente pode ser considerado renda. Em breves palavras, verifica-se a renda quando há acréscimo patrimonial.[63] E a conclusão, portanto, não poderia ser mais simples: os valores remessados aos centros de custo no exterior são, conforme intrínseco às operações dos contratos de rateio, meros reembolsos por cus-

[62] GALHARDO, Luciana Rosanova. **Rateio de Despesas:** Aspectos Tributários. 2. ed. São Paulo: Quartier Latin, 2003. p. 210-214.

[63] PAULSEN, Leandro. **Curso de Direito Tributário.** 11ª Ed. São Paulo: Saraiva Educação, 2020. p. 402.

tos e despesas. Sendo assim, mesmo que o IR tenha como uma de suas características principais a extraterritorialidade[64], inexiste lógica jurídico-tributária apta a justificar a cobrança de IRRF nos CSA's com sociedade-mãe no exterior, uma vez que não há renda auferida, apenas recomposição patrimonial.[65]

No que tange à racionalidade ligada a tributação de CIDE-Royalties sobre os reembolsos enviados encaminhados ao exterior, imperiosa breve pormenorização do que é objeto da CIDE. Estabeleceu o Decreto nº 4.195/02 que a contribuição seria devida sobre os valores pagos a título de *royalties* e/ou remunerações pecuniárias. A respeito da remuneração, para que reste caracterizada, necessária a existência de margem de lucro sobre o serviço prestado; por outro lado, os *royalties* caracterizam-se pelo pagamento de parcela dos lucros obtidos através de um produto ou serviço para o detentor de um direito, normalmente regulado por uma patente, concessão etc.[66] Não se verifica nenhuma das situações nos CSA's, não devendo, como consequência, incidir a CIDE sobre aos valores remessados aos exterior.[67]

As autoridades fiscais federais, a partir da promulgação da Lei nº 10.865/04, deram início a cobrança de Pis e Cofins sobre a importação de bens ou serviços que tenham resultados no Brasil, ainda que executados fora do território nacional. Conforme vimos, o fato gerador das contribuições (Art. 3º, II da Lei

[64] PAULSEN, Leandro. **Curso de Direito Tributário.** 11ª Ed. São Paulo: Saraiva Educação, 2020. p. 408.

[65] PARO, Giácomo; STANTON, Gabriel. **CARF e a tributação nos contratos de compartilhamento de custos.** Disponível em: https://www.jota.info/opiniao-e-analise/colunas/coluna-do-carf/carf-e-a-tributacao-nos-contratos-de-compartilhamento-de-custos-24082021. Acesso em: 02 dez. 2021.

[66] PRIBERAM. **Royalties.** Priberam Dicionário. 2021. Disponível em: <https://dicionario.priberam.org/royalties>. Acesso em: 05 dez. 2021.

[67] GALHARDO, Luciana Rosanova. **Rateio de Despesas:** Aspectos Tributários. 2. ed. São Paulo: Quartier Latin, 2003. p. 216.

10.865/04) é a remessa[68] a título de contraprestação por serviço prestado e, por não haver no contrato de rateio a figura da contraprestação[69], mas exclusivamente de mero reembolso, forçoso concluir que não há justificativa normativa para a incidência de Pis/Cofins-Importação nos CSA's.[70]

Em relação ao ISS, por se tratar de imposto de responsabilidade do ente federativo municipal, há de ser analisado a partir da legislação específica de cada município a questão normativa. Mas temos que ir muito além do que prevê a norma, é preciso debruçar-se sobre a raiz da lógica envolvendo a eventual tributação ou não. Imposto sobre serviço, como o próprio nome diz, incide exclusivamente sobre serviço. E por mais que a operação dos contratos de rateio possa, em uma análise rasa, assemelhar-se a uma prestação de serviço intragrupo, regulada pelo artigo 593 do CC, as mesmas não se confundem, uma vez que na segunda há onerosidade (agregação material), enquanto nos CSA's mera repartição de custos.[71] Em razão disto, mais uma vez, não se demonstra plausível a tributação das remessas realizadas ao exterior também no que diz respeito ao ISS.[72]

No que tange ao IOF, não há maiores elucubrações a serem realizadas. Levando-se em consideração que o centro de custos está localizado fora do país e que a fonte pagadora é empresa brasileira que remessará os valores a título de reembolso em moeda

[68] Remessa ou o pagamento, o crédito, a entrega ou o emprego de valores, segundo o próprio artigo.

[69] Contraprestação, assim como a remuneração, prevê preço e intuito lucrativo por quem recebe, como já vimos.

[70] GALHARDO, Luciana Rosanova. **Rateio de Despesas:** Aspectos Tributários. 2. ed. São Paulo: Quartier Latin, 2003. p. 216-217.

[71] BELLUCI, Maurício. **Tributação nos Centros de Serviços Compartilhados.** 2015. 292 f. Tese (Doutorado em Direito) – Pontifícia Universidade Católica de São Paulo. São Paulo, 2015. p. 168-169.

[72] GALHARDO, Luciana Rosanova. **Rateio de Despesas:** Aspectos Tributários. 2. ed. São Paulo: Quartier Latin, 2003. p. 217.

nacional, implicando, portanto, na compra de moeda estrangeira para o efetivo reembolso da sociedade-mãe, fica caracterizada a operação de câmbio disciplinada no artigo 63, II do CTN, verificando-se a necessidade da incidência do IOF na operação.[73]

Realizada a análise da (i)lógica jurídico tributária, passamos a verificar a hipótese de justificativa jus-econômica para a referida tributação. Como vimos, um dos principais alicerces da aplicação da teoria econômica é a análise relacionada às possíveis consequências da adoção de determinados incentivos em um caso concreto. No caso do objeto do presente estudo, muito embora não se tenha posicionamento claro a respeito da justificativa para a tributação das remessas de reembolsos ao exterior, podemos concluir que as autoridades fiscais veem sentido em tributar esses valores por motivos alheios ao racional do direito tributário, visto que inexiste lógica tributária para tributação que vem sendo aplicada.[74]

Nesse sentido, ventilamos a hipótese de que as autoridades fiscais brasileiras podem estar buscando, através do tratamento tributário diverso para os reembolsos realizados a centro de custos localizado no território nacional e no exterior (com tributação apenas para o último), adotar espécie de incentivo à criação e manutenção de centros de custo no Brasil por grupos econômicos internacionais, como forma de fomentar o mercado interno brasileiro.[75]

[73] Belluci, Maurício. **Tributação nos Centros de Serviços Compartilhados.** 2015. 292 f. Tese (Doutorado em Direito) – Pontifícia Universidade Católica de São Paulo. São Paulo, 2015. p. 225.

[74] Pinto, Alexandre Evaristo. **IRRF nos pagamentos ao exterior em contratos de compartilhamento de custos.** Disponível em: < https://www.conjur.com.br/2021-mar-24/direto-carf-irrf-pagamentos-exterior-compartilhamento-custos>. Acesso em: 05 nov. 2021.

[75] Não há no Brasil, hoje, estudo publicado aplicando a teoria econômica à análise da tributação dos reembolsos nos CSA's com centro de custos no exterior. Tampouco manifestação das autoridades justificando a tributação objeto de

Ocorre, entretanto, que a adoção desta postura pode acabar não atingindo o eventual objetivo de fomento ao mercado interno brasileiro. Isso, pelo fato de que, aumentando-se os custos de transação e inviabilizando-se a utilização de todos os benefícios ligados ao contratos de rateio de custos e despesas por grupos econômicos internacionais que tenham empresas no Brasil, mas que seu centro de custos esteja fora do país, as autoridades acabam por criar uma distorção e inconfiabilidade de mercado (dado o tratamento tributário equivocado e não isonômico para situações absolutamente semelhantes).[76] O que pode acabar fazendo com que, ao invés de incentivar os grupos econômicos internacionais a criarem centros de custos no Brasil, acabe o incentivo sendo justamente o oposto: a reestruturação empresarial dos grupos econômicos internacionais com a retirada de suas operações empresariais do Brasil.

Por todo o exposto, muito embora ainda não hajam relatórios e dados concretos relacionados as consequências práticas da tributação no âmbito dos grupos econômicos internacionais com sociedade-mãe no exterior, percebe-se que não há justificativa jus-econômica para que as autoridades fiscais brasileiras não sigam a lógica tributária de ausência de fato gerador e, portanto, impossibilidade de tributação dos reembolsos remessados ao exterior nos CSA's, pelo fato de que não há nada que leve a crer que a referida tributação crie incentivo positivo ao fomento do mercado interno, pelo contrário, faz com que o grau de confiança dos grupos econômicos internacionais no cenário tributário brasileiro diminua de forma substancial, podendo fazer com que os mesmos optem por encerrar as suas operações no país.

análise neste estudo. Por isso, ventilamos hipóteses e buscamos encontrar respostas para as mesmas a partir da análise dos incentivos e de suas eventuais possíveis consequências.

[76] Cavalcanti, M. O.; Catão, A. (Auto)regulação do mercado, direito concorrencial e análise econômica do direito: é possível uma concorrência perfeita?. **Direito e Desenvolvimento**, v. 8, n. 1, p. 179-196, 20 set. 2017.

Considerações finais

O presente estudo se propôs a análise da tributação dos reembolsos de custos e despesas no âmbito dos CSA's realizados por grupos econômicos internacionais com centro de custos no exterior, tendo tido como principal objetivo verificar se a referida tributação está amparada pela lógica do sistema normativo tributário e se demonstra-se justificável sob um ponto de vista jus-econômico.

Viu-se que os contratos de compartilhamento de custos e despesas possuem extrema relevância dentro do atual cenário empresarial global, servindo como uma forma de redução de custos e aumento de eficiência no desenvolvimento das atividades de *back-office*. Surgem como uma alternativa extremamente eficaz de gestão organizacional, aumentando de maneira substancial os níveis de eficiência e economia dos modelos de estruturas empresariais tradicionais e ganham cada vez mais força dada as exigências que surgem dentro do ambiente empresarial da alta competitividade do século XXI.[77]

Além disso, verificou-se que as autoridades fiscais brasileiras, por mais que não tenham posicionamento solidificado a respeito da tributação dos reembolsos nos diferentes cenários desses contratos de rateio, possuem entendimento majoritário no sentido de não tributar os pagamentos de custos e despesas a título de recomposição patrimonial aos centros de custos que estão localizados no Brasil e de tributar esses pagamentos quando realizados para sociedade-mãe que esteja no exterior. Com isso, surgem dúvidas ligadas a existência de justificativa normativa tributária ou jus-econômica para o tratamento não isonômico dessas operações.

[77] BELLUCI, Maurício. **Tributação nos Centros de Serviços Compartilhados.** 2015. 292 f. Tese (Doutorado em Direito) – Pontifícia Universidade Católica de São Paulo. São Paulo, 2015. p. 212.

Nesse sentido, conforme fora mencionado em notas introdutórias, o problema da presente monografia foi responder o seguinte questionamento: em que medida a tributação das remessas a título de reembolso ao centro de custos no exterior no âmbito de um contrato de rateio de custos e despesas de um grupo econômico internacional são justificáveis sob um ponto de vista normativo tributário e jus-econômico?

Para que chegássemos a uma resposta, estruturou-se o trabalho em dois capítulos intermediários (pós introdução e pré conclusão). No primeiro, compreendemos as principais características, requisitos e nuances dos contratos de compartilhamento de custos e despesas, bem como o atual entendimento das autoridades fiscais a respeito da tributação dos reembolsos realizados aos centros de custos localizados no brasil e aos centros de custos dos grupos econômicos internacionais no exterior. Verificou-se, ainda, as definições a respeito de custos e despesas no Direito Tributário Brasileiro, para fins de compreensão do que são os valores reembolsados nos CSA.

Por sua vez, no segundo, entendemos de que forma é aplicada a teoria econômica para o estudo do direito e aprofundamos o estudo relacionado a natureza dos impostos incidentes nos contratos de rateio com centro de custo no exterior. Além disso, analisou-se a partir do sistema normativo tributário e da aplicação do ferramental teórico da AED se existe lógica e justificativa na tributação dos reembolsos remessados ao exterior no âmbito dos CSA. Nesse sentido, verificou-se que não há razão tributária capaz de corroborar o entendimento das autoridades fiscais acerca da tributação dos referidos reembolsos, uma vez que ausente fato gerador dos tributos, bem como que não já justificativa jus-econômica para a cobrança.

Nesse vértice, a pesquisa demonstrou que a tributação das remessas realizadas a título de reembolso pelos grupos econômicos internacionais aos centros de custos localizados no exterior não possui amparo jurídico tributário, visto que, preenchidos os requisitos necessários à caracterização do CSA, as atividades realizadas dentro dos contratos de rateio não se enquadram no escopo das normas tributárias que instituem os tributos (IRRF, Pis/Cofins-Importação, CIDE-Royalties e ISS), à exceção do IOF, conforme vimos. Por fim, identificou-se, ainda, a ausência de plausibilidade jus-econômica na referida tributação, uma vez que os incentivos dados a partir da cobrança dos tributos tendem a trazer consequências negativas ao cenário econômico brasileiro, visto que cria distorções de mercado e reduz o grau de confiança dos grupos econômicos nas autoridades fiscais do Brasil e, consequentemente, no mercado brasileiro.

Referências

BATISTA, Nadia Cristina. **Imposto sobre a Renda e Proventos de Qualquer Natureza:** sob a ótica do ordenamento jurídico brasileiro. Disponível em: <https://www.thomsonreuters.com.br/content/dam/openweb/documents/pdf/Brazil/revistas-especializadas/rdtc-25-imposto-sobre-a-renda-e-proventos-de-qualquer-natureza.pdf>. Acesso em: 18 nov. 2021.

BELLUCI, Maurício. **Tributação nos Centros de Serviços Compartilhados.** 2015. 292 f. Tese (Doutorado em Direito) – Pontifícia Universidade Católica de São Paulo. São Paulo, 2015.

BRIGAGÃO, Gustavo. **Controvérsias sobre regras de tributação do rateio de despesas caminha para o fim.** Disponível em: <https://www.conjur.com.br/2014-jun-18/rateio-despesas-encontrar-respaldo-razoes-economicas?imprimir=1>. Acesso em: 18 nov. 2021.

CALCINI, Fábio Pallaretti. **Contratos de compartilhamento de custos e despesas (cost sharing):** aspectos tributários. Disponível em: <https://www.internationaltaxreview.com/article/b1ky5llc0mw4yg/contrato-de-compartilhamento-de-custos-e-despesas-cost-sharing-aspectos-tribut225rios>. Acesso em: 05 nov. 2021.

CARRAZA, Roque Antonio. **A natureza meramente interpretativa do art. 129 da Lei 11.196/05, o imposto de renda, a contribuição previdenciária e as sociedades de serviços profissionais.** RDDT, 154, jul. 2008.

CASTRO, Leonardo Moraes e. **Tratamento Tributário aplicável aos Contratos de Rateio/Compartilhamento (Cost Sharing Agreements):** IRPJ, CSLL, PIS, COFINS, ISS e Critérios para dedutibilidade de despesas. Disponível em: <https://www.buenoecastro.tax/artigos/2021/01/tratamento-tributario-aplicavel-aos-contratos-de-rateio-compartilhamento-de-custos-e-despesas-cost-sharing-agreements-irpj-csll-pis-cofins-iss-e-criterios-para-dedutibilidade-de-despesas/>. Acesso em: 01 dez. 2021.

CEZAROTI, Guilherme; SCHOUERI, Luis Eduardo. **A CIDE-Royalties e as Remessas por Licença de Distribuição e Comercialização de Programas de Computador**. In: Revista Dialética de Direito Tributário n. 130. São Paulo, Dialética, 2006.

COOTER, Robert; ULEN, Thomas. **Direito e economia.** 5. ed. Porto Alegre: Bookman, 2010.

GALHARDO, Luciana Rosanova; CARPINETTI, Ana Carolina. **Aspectos Fiscais do Rateio Internacional de Custos e Despesas.** Disponível em: <https://abdf.com.br/artigos/aspectos-fiscais-do-rateio-internacional-de-custos-e-despesas/>. Acesso em: 20 ago. 2021.

GALHARDO, Luciana Rosanova. **Rateio de Despesas:** Aspectos Tributários. 2. ed. São Paulo: Quartier Latin, 2018.

GICO JR., Ivo T. Introdução à Análise Econômica do Direito. In: KLEIN, Vinicius; PEREIRA RIBEIRO, Marcia Clara (Coord.). **O que é análise econômica do direito:** uma introdução. 2. ed. Belo Horizonte: Fórum, 2016.

HADDAD, Gilberto Jabur. **Classificação dos contratos.** In: LOTUFO, Renan; NANNI, Giovanni Ettore (Coord.). Teoria geral dos contratos. São Paulo: Atlas, 2011.

MARIZ DE OLIVEIRA, Ricardo. **Fundamentos do Imposto de Renda**. São Paulo. Quartier Latin, 2008.

PAULSEN, Leandro. **Curso de Direito Tributário.** 11ª Ed. São Paulo: Saraiva Educação, 2020.

PINTO, Alexandre Evaristo. **IRRF nos pagamentos ao exterior em contratos de compartilhamento de custos.** Disponível em: < https://www.conjur.com.br/2021-mar-24/direto-carf-irrf-pagamentos-exterior-compartilhamento-custos>. Acesso em: 05 nov. 2021.

PADOVEZE, Clóvis Luis. **Contabilidade de Custos:** teoria, pratica, integração com Sistemas de Informações (ERP). São Paulo: Cengage Learning, 2015.

PARO, Giácomo; STANTON, Gabriel. **CARF e a tributação nos contratos de compartilhamento de custos.** Disponível em: https://www.jota.info/opiniao-e-analise/colunas/coluna-do-carf/carf-e-a-tributacao-nos-

-contratos-de-compartilhamento-de-custos-24082021. Acesso em: 02 dez. 2021.

PRIBERAM. **Royalties.** Priberam Dicionário. 2021. Disponível em: <https://dicionario.priberam.org/royalties>. Acesso em: 05 dez. 2021.

Rafaelli, Paulo César Pimentel. **Vantagens dos contratos de rateio de custos e despesas.** Disponível em: <https://www.conjur.com.br/2005-nov-21/vantagens_contratos_rateio_custos_despesas>. Acesso em: 16 ago. 2021.

Salama, Bruno Meyerhof. O que é "Direito e Economia"? In TIMM, Luciano Benetti (org.). **Direito & Economia.** Porto Alegre: Livraria do Advogado, 2008.

Silva, Wilson Rodrigo Vieira da. **Dos recentes posicionamentos da Receita Federal do Brasil acerca dos contratos de rateio de custos e despesas.** Revista Eletrônica de Direito Tributário da ABDF, v. 4, n. 32, 2014.

TOTVS. **O que é backoffice e qual a sua importância nos negócios?** Disponível em: <https://www.totvs.com/blog/negocios/backoffice/>. Acesso em: 21 ago. 2021.

Viceconti, Paulo Eduardo Vilchez; Neves, Silvério das. **Contabilidade de Custos: um enfoque direto e objetivo.** 11ª Ed. São Paulo: Saraiva, 2013.

Vieira, Lucas Pacheco. **A Tributação nos Contratos de Compartilhamento de Custos e Despesas.** 2018. 161 f. Dissertação (Mestrado em Direito) – Universidade do Vale do Rio dos Sinos. Porto Alegre, 2018.

Xavier, Alberto. **Direito Tributário Internacional do Brasil.** 7ª Ed. Rio de Janeiro: forense, 2010.

Legislação e jurisprudência

BRASIL. **Lei 10.168 de 29 de dezembro de 2000.** Institui contribuição de intervenção de domínio econômico destinada a financiar o Programa de Estímulo à Interação Universidade-Empresa para o Apoio à Inovação e dá outras providências. Palácio do Planalto Presidência da República, Brasília, DF, 29 fev. 2000. Disponível em: <http://www.planalto.gov.br/ccivil_03/leis/l10168.htm>. Acesso em: 05 nov. 2021.

BRASIL. **Lei 10.865 de 30 de abril de 2004.** Dispõe sobre a Contribuição para os Programas de Integração Social e de Formação do Patrimônio do Servidor Público e a Contribuição para o Financiamento da Seguridade Social incidentes sobre a importação de bens e serviços e dá outras providências. Palácio do Planalto Presidência da República, Brasília, DF, 30 abr. 2004. Disponível em: <http://www.planalto.gov.br/ccivil_03/_ato2004-2006/2004/lei/l10.865.htm>. Acesso em: 30 out. 2021.

BRASIL. **Lei nº 10.406 de 10 de janeiro de 2002.** Institui o Código Civil. Palácio do Planalto Presidência da República, Brasília, DF, 10 jan. 2002. Disponível em: <http://www.planalto.gov.br/ccivil_03/leis/2002/l10406compilada.htm>. Acesso em: 10 nov. 2021.

BRASIL. **Lei nº 5.172 de 25 de outubro de 1996.** Dispõe sobre o Sistema Tributário Nacional e institui normas gerais de direito tributário aplicáveis à União, Estados e Municípios. Palácio do Planalto Presidência da República, Brasília, DF, 25 out. 1996. Disponível em: <http://www.planalto.gov.br/ccivil_03/leis/l5172compilado.htm>. Acesso em: 05 nov. 2021.

BRASIL. **Lei nº 7.713 de 22 de novembro de 1988.** Altera a legislação do imposto de renda e dá outras providências. Palácio do Planalto Presidência da República, Brasília, DF, 22 nov. 1988. Disponível em: <http://www.planalto.gov.br/ccivil_03/leis/l7713.htm>. Acesso em: 06 nov. 2021.

BRASIL. Ministério da Fazenda. Secretaria da Receita Federal do Brasil. Coordenação Geral de Tributação. **Solução de Consulta n.° 08 de 01 novembro de 2012.** Disponível em: <http://normas.receita.fazenda.gov.br/sijut2consulta/link.action?visao=anotado&idAto=83885>. Acesso em: 18 ago. 2021.

BRASIL. Ministério da Fazenda. Secretaria da Receita Federal do Brasil. Coordenação Geral de Tributação. **Solução de Consulta n.° 23 de 23 de setembro de 2013.** Disponível em: <http://normas.receita.fazenda.gov.br/sijut2consulta/link.action?idAto=46855&visao=anotado>. Acesso em: 15 nov. 2021.

BRASIL. Ministério da Fazenda. Secretaria da Receita Federal do Brasil. Coordenação Geral de Tributação. **Solução de Consulta n.° 43 de 26 de fevereiro de 2015.** Disponível em: <http://normas.receita.fazenda.gov.br/sijut2consulta/link.action?visao=anotado&idAto=62210>. Acesso em: 09 nov. 2021.

BRASIL. Ministério da Fazenda. Secretaria da Receita Federal do Brasil. Coordenação Geral de Tributação. **Solução de Consulta n.° 149 de 21 de setembro de 2021.** Disponível em: <http://normas.receita.fazenda.gov.br/sijut2consulta/link.action?naoPublicado=&idAto=120712&visao=anotado>. Acesso em: 15 nov. 2021.

BRASIL. Ministério da Fazenda. Secretaria da Receita Federal do Brasil. Coordenação Geral de Tributação. **Solução de Consulta n.° 276 de 26 de setembro de 2019.** Disponível em: <http://normas.receita.fazenda.gov.br/sijut2consulta/link.action?visao=anotado&idAto=103953>. Acesso em: 18 ago. 2021.

BRASIL. Ministério da Fazenda. Secretaria da Receita Federal do Brasil. Coordenação Geral de Tributação. **Solução de Consulta n.° 462 de 29 de novembro de 2006.** Disponível em: <http://normas.receita.fazenda.gov.br/sijut2consulta/link.action?visao=anotado&idAto=84951>. Acesso em: 10 nov. 2021.

BRASIL. Ministério da Fazenda. Secretaria da Receita Federal do Brasil. Coordenação Geral de Tributação. **Solução de Consulta n.° 2014 de 29 de novembro de 2018.** Disponível em: <http://normas.receita.fazenda.gov.br//sijut2consulta/link.action?visao=anotado&idAto=96837>. Acesso em: 11 nov. 2021.

BRASIL. Ministério da Fazenda. Secretaria da Receita Federal do Brasil. Coordenação Geral de Tributação. **Solução de Consulta n.° 6024 de 30 de maio de 2017.** Disponível em: <http://normas.receita.fazenda.gov.br/sijut2consulta/link.action?idAto=83303&visao=anotado>. Acesso em: 10 nov. 2021.

LEI GERAL DE PROTEÇÃO DE DADOS PESSOAIS, UMA ANÁLISE À CARACTERIZAÇÃO DO DANO MORAL AO CONSUMIDOR EM CASO DE VAZAMENTO DE DADOS DECORRENTE DE CRIME VIRTUAL

Paula Milaneze Diniz

Introdução

É fato notório que atualmente vivemos imersos à tecnologia, seja desde as atitudes mais simples do cotidiano, como olhar a hora em um relógio digital ou controlar agenda e compromissos pelo celular ou *tablet*, quanto nas mais complexas, como desenvolvimento de um software ou robôs e programação de algoritmos.[1]

Klaus Schwab afirma que estamos vivendo a quarta revolução industrial, para ele:

> Atualmente, enfrentamos uma grande diversidade de desafios fascinantes; entre eles, o mais intenso e importante é o entendimento e a modelagem da nova revolução e de toda a humanidade. Estamos no início de uma revolução que alterara profundamente a maneira como vivemos, trabalhamos e nos relacionamos. Em

[1] Tasso, Fernando Antonio. **A responsabilidade civil na Lei Geral de Proteção de Dados e sua interface com o Código Civil e o Código de Defesa do Consumidor.** São Paulo: Cadernos Jurídicos, 2020.

> sua escala, escopo e complexidade, a quarta revolução industrial é algo que considero diferente de tudo aquilo que já foi experimentado pela humanidade.[2]

Como bem explica Fernando Antonio Tasso[3]: "A Internet teve inquestionável influência em questões como a liberdade de expressão, a comunicação interpessoal e a própria comunicação social, repercutindo diretamente na dimensão do conceito de privacidade"

Diante deste avanço tecnológico inquestionável, se faz necessário que a lei evolua para atender às diversas novas situações e problemas que surgem em razão deste avanço. Foi em decorrência disso que foi criada a Lei 13.709/18 – Lei Geral de Proteção de Dados (LGPD), "inspirada, especialmente, pelo Regulamento Europeu de Proteção de Dados Pessoais, também conhecido como GDPR".[4]

O artigo 1º da LGPD[5] é claro em relação à intenção da regulamentação dos dados pessoais das pessoas físicas: "objetivo de proteger os direitos fundamentais de liberdade e de privacidade e o livre desenvolvimento da personalidade da pessoa natural."[6]

[2] SCHWAB, Klaus. **A quarta revolução industrial**/Klaus Schwab; tradução Daniel Moreira Miranda. – São Paulo: Edipro, 2016. Disponível em: https://asdfiles.com/26qf7~s. Acesso em: 13 nov. 2021. (livro digital não paginado).

[3] TASSO, Fernando Antonio. **A responsabilidade civil na Lei Geral de Proteção de Dados e sua interface com o Código Civil e o Código de Defesa do Consumidor**. São Paulo: Cadernos Jurídicos, 2020, p. 97.

[4] PECK, Patrícia. **Proteção de dados pessoais.** Editora Saraiva, 2020, p. 15. Disponível em: https://app.minhabiblioteca.com.br/#/books/9788553613625/. Acesso em: 13 nov. 2021.

[5] BRASIL, Lei 13.709/2018, Lei Geral de Proteção de Dados. Disponível em http://www.planalto.gov.br/ccivil_03/_ato2015-2018/2018/lei/l13709.htm. Acesso em: 20 ago. 2021.

[6] BRASIL, **Lei Geral de Proteção de Dados**, Lei 13.709/2018, disponível em http://www.planalto.gov.br/ccivil_03/_ato2015-2018/2018/lei/l13709.htm. Acesso em: 20 ago. 2021

Em outras palavras, "É uma regulamentação que traz princípios, direitos e obrigações relacionados ao uso de um dos ativos mais valiosos da sociedade digital, que são as bases de dados relacionados às pessoas."[7]

A doutrinadora Patricia Peck bem explica sobre o objetivo da LGPD:

> O espírito da lei foi proteger os direitos fundamentais de liberdade e de privacidade e o livre desenvolvimento da personalidade da pessoa natural, trazendo a premissa da boa-fé para todo o tipo de tratamento de dados pessoais, que passa a ter que cumprir uma série de princípios, de um lado, e de itens de controles técnicos para governança da segurança das informações, de outro lado, dentro do ciclo de vida do uso da informação que identifique ou possa identificar uma pessoa e esteja relacionada a ela, incluindo a categoria de dados sensíveis.[8]

Ocorre que, "nenhum sistema é a prova de falhas ou vulnerabilidades, até porque a tecnologia evolui na mesma proporção (ou até mais rápido) que a tecnologia para defesa desses incidentes."[9]

Considerando que na atual sociedade digital os dados são considerados ativos valiosos, é certo que as empresas que lidam com dados devem se munir das melhores técnicas de proteção disponíveis, bem como tomar as cutelas necessárias para pro-

[7] PECK, Patrícia. **Proteção de dados pessoais.** Editora Saraiva, 2020, p. 15. Disponível em: https://app.minhabiblioteca.com.br/#/books/9788553613625/. Acesso em: 13 nov. 2021.

[8] PECK, Patrícia. **Proteção de dados pessoais.** Editora Saraiva, 2020, p. 15. Disponível em: https://app.minhabiblioteca.com.br/#/books/9788553613625/. Acesso em: 13 nov. 2021.

[9] MALDONADO, Viviane Nóbrega; BLUM, Renato Opice (Coord.). **LGPD: Lei geral de proteção de dados: comentada.** São Paulo: Revista dos Tribunais, 2019, p. 350.

teção dos dados dos consumidores, impedindo que terceiros não autorizados tenham acesso aos dados, ainda que através de situações acidentais, conforme determina o artigo 46 da LGPD[10], não podendo simplesmente se eximirem de sua responsabilidade sob o fundamento de terem sido vítimas de um crime virtual que culminou no vazamento de dados dos titulares consumidores.

A questão ainda se agrava quando falamos em dados sensíveis, que serão melhor esclarecidos no item seguinte, principalmente os que dizem respeito à informações médicas e relacionadas à saúde do indivíduo, vez que a grande maioria da pessoas tem receio e não desejam que ninguém, nem mesmo seus próprios familiares, tenham acesso à este tipo de informação. O vazamento deste tipo de dado pode culminar na aplicação de multa de até R$ 50 milhões ao estabelecimento responsável pelo dado sensível vazado[11].

Aliás, o Código de Defesa do Consumidor (CDC) é claro ao estabelecer, em seus artigos 12 e 14[12], que o produto ou serviço é defeituoso a partir do momento que não oferece a segurança que dele se espera, levando em consideração o risco que razoavelmente se espera, risco este que inevitavelmente irá variar de acordo com a atividade desenvolvida pela empresa que por qualquer motivo trate dados de seus consumidores.

[10] BRASIL, Lei 13.709/2018, Lei Geral de Proteção de Dados. Disponível em http://www.planalto.gov.br/ccivil_03/_ato2015-2018/2018/lei/l13709.htm. Acesso em: 20 ago. 2021.

[11] Consultórios médicos podem ser multados em até R$ 50 milhões por descumprir a LGPD. **Coluna do ct,** 06 fev. 2023. Disponível em https://clebertoledo.com.br/tocantins/consultorios-medicos-podem-ser-multados-em-ate-r-50-milhoes-por-descumprir-a-lgpd/. Acesso em: 24 fev. 2023.

[12] BRASIL, Lei 8.078/1990. Código de Defesa do Consumidor. Disponível em http://www.planalto.gov.br/ccivil_03/leis/l8078compilado.htm. Acesso em: 20 ago. 2021.

1. Tipos de dados e agentes de tratamento

Antes de adentrarmos a fundo no tema do presente trabalho, é valido verificarmos brevemente sobre os tipos de dados elencados nos incisos I a III do artigo 5º da LGPD[13], que de forma resumida se dividem em:

(a) dados pessoais, como exemplo temos o nome, apelido, endereço de e-mail, endereço residencial, entre outros;
(b) dados sensíveis, que se entende por aquelas informações sobre convicções religiosas, etnia, origem racial, posição religiosa, informações sobre a genética do indivíduo, saúde, opção sexual, por exemplo, bem como dados específicos sobre menores de idade;
(c) dados anonimizados, utilizado para pesquisas e estudos e que não se sujeitam à LGPD, pois perdem a característica de dado pessoal, uma vez que através dele não é possível identificar o titular dos dados[14].

Quanto aos agentes de tratamento de dados, o mesmo artigo 5º da LGPD define, em seus incisos VI a IX, que o controlador é pessoa natural ou jurídica que pode ser de direito público ou privado, a quem cabe as decisões referentes ao tratamento de dados. O operador, também pessoa natural ou jurídica, é quem realiza o tratamento de dados pessoais a mando do controlador. Já o encarregado é a pessoa que o controlador e operador indicam como canal de comunicação entre o titular dos dados, controlador e Autoridade Nacional de Proteção de Dados (ANPD), esta última, além de ser responsável por zelar, também cabe a

[13] BRASIL, Lei 13.709/2018, Lei Geral de Proteção de Dados. Disponível em http://www.planalto.gov.br/ccivil_03/_ato2015-2018/2018/lei/l13709.htm. Acesso em: 20 ago. 2021.

[14] TRIBUNAL REGIONAL FEDEREAL DA 3ª REGIÃO. 2021. Disponível em: https://www.trf3.jus.br/lei-geral-de-protecao-de-dados-pessoais-lgpd/dados/.

ela a implementação e fiscalização do cumprimento da LGPD no território nacional, de acordo com o inciso XIX do mesmo artigo. Por fim, entende-se como agentes de tratamento o controlador e o operador.

Importante acrescentar, por derradeiro, que conforme preceitua o inciso X do artigo 5º da LGPD, entende-se por tratamento de dado qualquer operação que seja realizada, incluindo, mas não se limitando a[15]:

> "coleta, produção, recepção, classificação, utilização, acesso, reprodução, transmissão, distribuição, processamento, arquivamento, armazenamento, eliminação, avaliação ou controle da informação, modificação, comunicação, transferência, difusão ou extração;".

1.1. Requisitos para o tratamento de dados pessoais

Conforme previsão do artigo 7º da LGPD[16], somente é permitido o tratamento de dados pessoais nas seguintes condições taxativas[17]:

(a) mediante fornecimento de consentimento do titular;
(b) cumprimento de obrigação legal ou regulatória pelo controlador;

[15] CARDOSO, Oscar Valente. **Glossário da Lei Geral de Proteção de Dados – 10) Tratamento.** Jus Naviandi, 2020. Disponível em: https://jus.com.br/artigos/86197/glossario-da-lei-geral-de-protecao-de-dados-10-tratamento. Acesso em: 02 dez. 2021

[16] BRASIL, Lei 13.709/2018, Lei Geral de Proteção de Dados. Disponível em http://www.planalto.gov.br/ccivil_03/_ato2015-2018/2018/lei/l13709.htm. Acesso em: 20 ago. 2021.

[17] LIMA, Caio César Carvalho. Do Tratamento de Dados Pessoais. *In*: MALDONADO, Viviane Nóbrega; BLUM, Renato Opice (Coord.). **LGPD: Lei geral de proteção de dados: comentada**. São Paulo: Revista dos Tribunais, 2019. p. 191.

(c) no caso da administração pública, quando o tratamento e uso compartilhado de dados sejam necessários à execução de políticas públicas previstas em leis e regulamentos;
(d) para realização de estudos por órgão que faça pesquisa;
(e) quando se faça necessário à execução de contratos ou de procedimento preliminar ao contrato do qual o titular faça parte e tenha este manifestado interesse;
(f) em caso de exercício regular de direito em processo administrativo, judicial ou arbitral;
(g) no caso de proteção à vida e incolumidade física do titular ou de um terceiro;
(h) em caso de tutela da saúde, sendo necessário que o procedimento seja realizado exclusivamente por profissionais da saúde ou autoridade sanitária;
(i) em caso de atendimento aos interesses legítimos do controlador ou de terceiro, com exceção dos casos onde prevaleça direitos e liberdades fundamentais do titular;
(j) em caso de proteção de crédito.

2. Responsabilidade civil objetiva

Partindo da premissa de que a empresa que trata dados respeitou a disposição do artigo 7º da LGPD[18], cabe agora adentrarmos sobre a responsabilidade civil aplicável à estas em casos envolvendo consumidores.

A responsabilidade civil "corresponde às obrigações decorrentes da conduta da pessoa. Pode-se dizer sem temor que em cada ramo do direito está inerente considerável parcela tratando da responsabilidade".[19]

[18] BRASIL, Lei 13.709/2018, Lei Geral de Proteção de Dados. Disponível em http://www.planalto.gov.br/ccivil_03/_ato2015-2018/2018/lei/l13709.htm. Acesso em: 20 ago. 2021.

[19] RIZZARDO, Arnaldo. **Responsabilidade civil**. 5. ed. Rio de Janeiro: Forense, 2011, p. 23.

Para Arnaldo Rizzardo:

> A ação humana eivada de tais máculas, isto é, de culpa no sentido estrito ou lato, denomina-se 'ato ilícito', porque afronta a ordem jurídica, ou desrespeita o que está implantado pela lei. E a responsabilidade consiste na obrigação de sanar, ou recompor, ou ressarcir os males e prejuízos que decorrem de mencionadas ações.[20]

Visto isso, importante lembrarmos sobre os pressupostos da responsabilidade civil, quais sejam:

(a) ação ou omissão;
(b) culpa ou dolo do agente;
(c) relação de causalidade e dano[21].

No que tange às relações consumeristas, o Código de Defesa do Consumidor prevê, em seus artigos 12 e 14[22], a responsabilidade civil objetiva do fornecedor de produto ou serviço por dano causado ao consumidor, seja este de cunho patrimonial ou extrapatrimonial. Isso porque, há menção expressa nos aludidos dispositivos que o fornecedor de produto/serviço responderá independentemente da existência de culpa pela reparação dos danos.

Nas palavras de Zelmo Denari[23], "o Código acolheu, desenganadamente, os postulados da responsabilidade objetiva, pois

[20] RIZZARDO, Arnaldo. Responsabilidade civil. 5. ed. Rio de Janeiro: Forense, 2011, p. 24.

[21] GONÇALVES, Carlos Roberto. Direito civil brasileiro: responsabilidade civil. v. 4. 13.ed. São Paulo: Saraiva, 2018, p. 53-54

[22] BRASIL, Lei 8.078/1990. Código de Defesa do Consumidor. Disponível em http://www.planalto.gov.br/ccivil_03/leis/l8078compilado.htm. Acesso em: 20 ago. 2021.

[23] DENARI, Zelmo. In: GRINOVER, Ada Pellegrini et el. **Código Brasileiro de Defesa do Consumidor: comentários pelos autores do anteprojeto.** 10.ed. Rio de Janeiro: Editora Forense, 2011, p. 198.

desconsidera, no plano probatório, quaisquer investigações relacionadas com a conduta do fornecedor.".

Assim nos ensina a doutrina do professor Humberto Theodoro Jr.:

> Nas situações configuradoras de fato do produto ou do serviço (danos pessoais ou materiais externos à coisa ou serviço), a lei é clara ao dispor que o fornecedor responderá independentemente da ocorrência de culpa (CDC, arts. 12, 13 e 14). O regime, destarte, é induvidosamente de responsabilidade objetiva.[24]

Isso significa que, independentemente de culpa pela ocorrência do dano, o fornecedor de produto ou serviço deverá arcar com o prejuízo experimentado pelo consumidor ou equiparado, destinatário final do serviço ou produto, ainda que sem vínculo direto, de acordo com o artigo 2º e 17 do Código de Defesa do Consumidor[25]. Sendo assim, quando falamos em responsabilidade civil objetiva, o elemento culpa é prescindível, bastando que esteja presente a ação/omissão, dano e nexo de causalidade entre a conduta e o dano.

Para melhor esclarecer sobre a responsabilidade objetiva, "a classificação corrente e tradicional, pois, denomina objetiva a responsabilidade que independe de culpa. Esta pode ou não existir, mas será sempre irrelevante para a configuração do dever de indenizar."[26]

24 THEODORO JR., Humberto. **Direitos do Consumidor**, 10. ed. – Rio de Janeiro: Forense, 2021, p. 69. Disponível em: vbk://9788530992941/epubcfi/6/10%5B%3Bvnd.vst.idref%3Dcopyright%5D!/4/10/2/1:0. Acesso em: 13 nov. 2021.

25 BRASIL, Lei 8.078/1990. Código de Defesa do Consumidor. Disponível em http://www.planalto.gov.br/ccivil_03/leis/l8078compilado.htm. Acesso em: 20 ago. 2021.

26 GONÇALVES, Carlos Roberto. **Direito civil brasileiro: responsabilidade civil.** v. 4. 13.ed. São Paulo: Saraiva, 2018, p. 49.

Na LGPD especificamente, não há no texto legal menção expressa sobre o tipo de responsabilidade civil a ser aplicada nos casos de relação se consumo. Contudo, o artigo 45 da LGPD[27] dispõe que às relações de consumo deve-se aplicar as regras de responsabilidade do CDC, que como visto, é objetiva.

Importante acrescentar que, "Quando alude ao fornecedor, o Código pretende alcançar todos os participantes do ciclo produtivo-distributivo, vale dizer, todos aqueles que desenvolvem as atividades descritas no art. 3º do CDC.[28][29]

Em outras palavras, todos os participantes da cadeia de consumo respondem solidariamente pelos danos causados ao consumidor, de acordo com o parágrafo único do artigo 7º e parágrafo 1º do artigo 25, ambos do Código de Defesa do Consumidor[30].

Por óbvio, o controlador e operador responderão por quaisquer danos causados aos titulares dos dados, sendo expressamente previsto no inciso I do parágrafo 1º do artigo 42, da LGPD,[31] que será solidária a responsabilidade do operador quando este descumprir a norma de proteção ou as ordens lícitas do controlador. Ademais, também responsabiliza-se solida-

[27] BRASIL, Lei 13.709/2018, Lei Geral de Proteção de Dados. Disponível em http://www.planalto.gov.br/ccivil_03/_ato2015-2018/2018/lei/l13709.htm. Acesso em: 20 ago. 2021.

[28] Denari, Zelmo. In: Grinover, Ada Pellegrini et el. **Código Brasileiro de Defesa do Consumidor: comentários pelos autores do anteprojeto**. 10.ed. Rio de Janeiro: Editora Forense, 2011, p. 196.

[29] BRASIL, Lei 8.078/1990. Código de Defesa do Consumidor. Disponível em http://www.planalto.gov.br/ccivil_03/leis/l8078compilado.htm. Acesso em: 20 ago. 2021.

[30] BRASIL, Lei 8.078/1990. Código de Defesa do Consumidor. Disponível em http://www.planalto.gov.br/ccivil_03/leis/l8078compilado.htm. Acesso em: 20 ago. 2021.

[31] BRASIL, Lei 13.709/2018, Lei Geral de Proteção de Dados. Disponível em http://www.planalto.gov.br/ccivil_03/_ato2015-2018/2018/lei/l13709.htm. Acesso em: 20 ago. 2021.

riamente outros controladores envolvidos no tratamento que ocasionou o dano ao titular do dado, de acordo com o texto do inciso II do artigo 42, da LGPD.

Tidas essas considerações sobre a eleição da responsabilidade objetiva e solidária às relações de consumo pela LGPD[32], em consonância com o Código de Defesa do Consumidor, cumpre analisarmos em quais casos poderá haver responsabilização das empresas em hipóteses de vazamentos de dados de consumidores em decorrência de crime virtual que, em tese, poderia se alegar culpa de terceiro como excludente de responsabilidade civil objetiva, nos termos do III do artigo 43 da LGPD[33], artigo 12, parágrafo 3º, inciso III e artigo 14, parágrafo 3º, inciso II, se não fosse a existência da teoria do risco da atividade, prevista no artigo 12, parágrafo 1º, inciso II e artigo 14, parágrafo 1º, inciso II, ambos do Código de Defesa do Consumidor[34].

2.1. Teoria do risco e fortuito interno

A teoria do risco surgiu em um momento em que a sociedade clamava por institutos jurídicos que trouxessem mais segurança nas situações que demandavam ressarcimento pelo ofensor, ainda que para tanto fosse necessário excluir a culpa como pressuposto essencial para caracterização da responsabilidade civil[35].

[32] TASSO, Fernando Antonio. **A responsabilidade civil na Lei Geral de Proteção de Dados e sua interface com o Código Civil e o Código de Defesa do Consumidor**. Cadernos Jurídicos, São Paulo. 2020, p. 112.

[33] BRASIL, Lei 13.709/2018, Lei Geral de Proteção de Dados. Disponível em http://www.planalto.gov.br/ccivil_03/_ato2015-2018/2018/lei/l13709.htm. Acesso em: 20 ago. 2021.

[34] BRASIL, Lei 8.078/1990. Código de Defesa do Consumidor. Disponível em http://www.planalto.gov.br/ccivil_03/leis/l8078compilado.htm. Acesso em: 20 ago. 2021.

[35] DENARI, Zelmo. In: GRINOVER, Ada Pellegrini et el. **Código Brasileiro de Defesa do Consumidor: comentários pelos autores do anteprojeto**. 10.ed. Rio de Janeiro: Editora Forense, 2011.

Os artigos 12 e 14 do CDC[36] estabelecem que o produto/serviço é defeituoso quando não oferece a segurança que se espera deste. Vale acrescentar a explicação de Zelmo Denari sobre defeito no produto que também pode ser analogicamente aplicada em casos de fornecedor de serviços:

> O defeito que suscita o dano não é o defeito estético, mas o defeito substancial relacionado com a segurança que dele legitimamente se espera, levando-se em consideração aspectos extrínsecos, como a apresentação do produto, e intrínsecos, relacionados com a sua utilização e a época em que foi colocado em circulação.[37]

Pela teoria do risco entende-se que aquele empresário que obtém lucro pelo serviço prestado ao consumidor reponde independente da demonstração de culpa pelo dano. Em outras palavras, explica Paulo Nader:

> Pela teoria do risco-proveito, responsável pelos prejuízos individuais ou transindividuais é quem se beneficia das atividades de risco. Natural que o agente, a favor de quem todo um mecanismo é acionado e lhe traz resultados favoráveis, repare os danos causados a outrem.[38]

[36] BRASIL, Lei 8.078/1990. Código de Defesa do Consumidor. Disponível em http://www.planalto.gov.br/ccivil_03/leis/l8078compilado.htm. Acesso em: 20 ago. 2021.

[37] DENARI, Zelmo. In: GRINOVER, Ada Pellegrini et el. Código Brasileiro de Defesa do Consumidor: comentários pelos autores do anteprojeto. 10.ed. Rio de Janeiro: Editora Forense, 2011. p. 201

[38] NADER, Paulo. **Curso de Direito Civil** – Vol. 7 – Responsabilidade Civil, 6ª edição. [Digite o Local da Editora]: Grupo GEN, 2015. p. 116. Disponível em: https://app.minhabiblioteca.com.br/#/books/9788530968724/. Acesso em: 02 dez. 2021.

O professor e doutrinador Flávio Tartuce esclarece o seguinte:

> Na verdade, o CDC adotou expressamente a ideia da teoria do risco-proveito, aquele que gera a responsabilidade sem culpa justamente por trazer benefícios, ganhos ou vantagens. Em outras palavras, aquele que expõe ao risco outras pessoas, determinadas ou não, por dele tirar um benefício, direto ou não, deve arcar com as consequências da situação de agravamento. Uma dessas decorrências é justamente a responsabilidade objetiva e solidária dos agentes envolvidos com a prestação ou fornecimento.[39]

A jurisprudência é maciça no sentido de que se aplica a teoria do risco às relações consumeristas[40], pois certo que a empresa que obtém proveito econômico em decorrência da atividade praticada ou do produto posto no mercado deve responder objetivamente pelo risco da atividade[41].

Ocorre que certas empresas possuem o risco ligado intrinsecamente à atividade desenvolvida e, nestes casos não é possível a alegação de caso fortuito ou culpa exclusiva de terceiro.

Vale dizer que "o caso fortuito é mais do que a força maior, pois é um fato que não se espera, o que constitui algo raro na atualidade, uma vez que, no mundo pós-moderno, tudo pode acontecer."[42]

[39] TARTUCE, Flávio. Responsabilidade Civil. Rio de Janeiro: Grupo GEN, 2021, p. 677. 9786559640959. Disponível em: https://app.minhabiblioteca.com.br/#/books/9786559640959/. Acesso em: 17 nov. 2021.

[40] BRASIL. Superior Tribunal de Justiça. **REsp** 1606360/SC, Relator(a) Ministra Nancy Andrighi, Terceira Turma, julgado em: 19/10/2017.

[41] TARTUCE, Flávio. **Responsabilidade Civil.** Rio de Janeiro: Grupo GEN, 2021, 9786559640959. Disponível em: https://app.minhabiblioteca.com.br/#/books/9786559640959/. Acesso em: 17 nov. 2021.

[42] TARTUCE, Flávio. **Responsabilidade Civil.** Rio de Janeiro: Grupo GEN, 2021, p. 767. 9786559640959. Disponível em: https://app.minhabiblioteca.com.br/#/books/9786559640959/. Acesso em: 17 nov. 2021.

Por fortuito interno se entende o risco inerente à atividade desenvolvida pela empresa, como exemplo comum temos as instituições financeiras, que possuem diversos riscos envolvidos na atividade, sobretudo porque lidam com ativos pertencentes a seus consumidores. Sendo assim, espera-se que estas possuam recursos eficazes para proteção de tais valores e ativos que ficam sob seus cuidados, devendo, da mesma forma, zelarem pelos dados de seus clientes.

Para Flávio Tartuce[43], "*fortuito interno* – é aquele que tem relação com o negócio desenvolvido, não excluindo a responsabilização civil.".

Por isso é importante que exista um juízo valorativo sobre a atividade desenvolvida pela empresa, a fim de se constatar se o dano decorreu de risco esperado, ou, se realmente era algo inesperado e inevitável pelo empresário, e, ato contínuo, se este deve suportar os danos em favor do lesado, pois tratando-se de situação inevitável e inerente à atividade desenvolvida, é fato que o empresário deve ser responsabilizado por tal risco.[44]

2.2. Dano moral ao consumidor em decorrência de vazamento de dados

Conforme já visto anteriormente, os dados pessoais são ativos muito valiosos, não é à toa que foi necessário a criação da LGPD para proteção dos direitos dos titulares de tais dados.

Diversos foram os episódios de ataques *hackers* que culminaram em vazamento de dados de milhares de pessoas, fato

[43] TARTUCE, Flávio. **Responsabilidade Civil.** Rio de Janeiro: Grupo GEN, 2021, p. 769. 9786559640959. Disponível em: https://app.minhabiblioteca.com.br/#/books/9786559640959/. Acesso em: 17 nov. 2021.

[44] TARTUCE, Flávio. **Responsabilidade Civil.** Rio de Janeiro: Grupo GEN, 2021. 9786559640959. Disponível em: https://app.minhabiblioteca.com.br/#/books/9786559640959/. Acesso em: 17 nov. 2021.
TARTUCE, Flávio. **Responsabilidade Civil.** Rio de Janeiro: Grupo GEN, 2021, p. 769. 9786559640959.

este que desencadeou uma enxurrada de ações judiciais visando indenização por danos morais pelos titulares dos dados vazados[45].

Ocorre que tais pretensões dos consumidores devem ser analisadas com cautela pelo judiciário, a fim de evitar a banalização da indenização por dano moral onde os agentes de tratamento acabam sendo responsabilizados indiscriminadamente por qualquer evento onde ocorra exposição ou vazamento de dados, o que não é o correto, pois a LGPD visa fomentar a livre iniciativa, bem como garantir maior segurança aos agentes de tratamento[46].

Visto isso, cabe adentrarmos à questão do dano moral, também conhecido como extrapatrimonial, pois atinge "o ser humano, sem alcançar seus bens materiais."[47]

Arnaldo Rizzardo nos bem ensina sobre o conceito de dano moral:

> Dano moral, ou não patrimonial, ou ainda extrapatrimonial, reclama dois elementos, em síntese, para configurar-se: o dano e a não diminuição do patrimônio. Apresenta-se como aquele mal ou dano – que atinge valores eminentemente espirituais ou morais, como a honra, a paz, a liberdade física, a tranquilidade de espírito, a reputação, beleza, etc.[48]

[45] ALMEIDA, Marília. Idec notifica Enel e orienta consumidores sobre vazamento de dados. Exame Invest, 2020. Disponível em: https://invest.exame.com/mf/idec-notifica-enel-e-orienta-consumidores-sobre-vazamento-de-dados. Acesso em: 20 ago. 2021.

[46] BRUNO, Marcos Gomes da Silva. **Dos Agentes de Tratamento de Dados Pessoais**. *In*: MALDONADO, Viviane Nóbrega; BLUM, Renato Opice (Coord.). LGPD: Lei geral de proteção de dados: comentada. São Paulo: Revista dos Tribunais, 2019.

[47] RIZZARDO, Arnaldo. **Responsabilidade civil.** 5. ed. Rio de Janeiro: Forense, 2011, p. 16.

[48] RIZZARDO, Arnaldo. **Responsabilidade civil**. 5. ed. Rio de Janeiro: Forense, 2011, p. 16.

Para Sergio Cavalieri Filho:

> Nessa linha de princípio, só deve ser reputado como dano moral a agressão a um bem ou atributo da personalidade que cause dor, vexame, sofrimento ou humilhação; que fugindo à normalidade, interfira intensamente no comportamento psicológico do indivíduo, causando-lhe aflições, angústia e desequilíbrio em seu bem-estar. Mero dissabor, aborrecimento, mágoa, irritação ou sensibilidade exacerbada estão fora da órbita do dano moral, porquanto, além de fazerem parte da normalidade do nosso dia a dia, no trabalho, no trânsito, entre os amigos e até no ambiente familiar, tais situações não são intensas e duradouras, a ponto de romper o equilíbrio psicológico do indivíduo. Se assim não se entender, acabaremos por banalizar o dano moral, ensejando ações judiciais em busca de indenizações pelos mais triviais aborrecimentos.[49]

Na mesma esteira, Flávio Tartuce:

> [...] o dano moral constitui qualquer lesão aos direitos da personalidade, por exemplo, à liberdade, ao gênero, à orientação religiosa, entre outros. Trata-se do dano moral em sentido amplo ou lato sensu, que não necessita da prova do sofrimento em si para a sua caracterização.[50]

Visto isso, importante esclarecer que existem duas principais classificações de dano moral. A primeira, "constitui regra

[49] Cavalieri Filho, Sergio. Programa de Responsabilidade Civil, 14ed. São Paulo: Atlas, 2020, p. 103. Disponível em: vbk://9788597025422/epubcfi/6/4%5B%3Bvnd.vst.idref%3Dhtml2%5D. Acesso em: 21 ago. 2021

[50] Tartuce, Flávio. Responsabilidade Civil. Rio de Janeiro: Grupo GEN, 2021, p. 447. 9786559640959. Disponível em: https://app.minhabiblioteca.com.br/#/books/9786559640959/. Acesso em: 17 nov. 2021.

geral do sistema jurídico brasileiro[51]", exigindo demonstração de um efetivo abalo moral pelo consumidor para que seja reconhecida a responsabilidade do agente ofensor.

A segunda, exceção à regra, aplica-se a situações específicas e dispensa a comprovação do efetivo abalo moral sofrido pelo consumidor, ou seja, independe de prova pelo consumidor, pois o mero fato de ter sido cometido ato ilícito já acarreta a responsabilização para responder pelo dano moral, o chamado dano moral presumido ou *in re ipsa,* do latim, "da própria coisa"[52]. Flávio Tartuce explica que nestes casos, o "dano decorre do simples fato ou da simples situação da coisa."[53].

O dano moral presumido é comumente aplicado em casos onde há negativação indevida do nome do consumidor perante os cadastros de inadimplentes, sendo exigível que tal negativação seja única ou anterior às demais eventualmente existentes[54]. Sendo assim, presume-se que houve dano ao negativado pelo simples fato de ter sido inserido seu nome indevidamente nos cadastros de inadimplentes, ensejando o direito de este ser indenizado, dispensando-se a comprovação de um efetivo abalo moral sofrido.

Ainda sobre o dano moral presumido, Flávio Tartuce nos ensina que:

[51] TARTUCE, Flávio. **Responsabilidade Civil**. Rio de Janeiro: Grupo GEN, 2021, p. 448. 9786559640959. Disponível em: https://app.minhabiblioteca.com.br/#/books/9786559640959/. Acesso em: 17 nov. 2021.

[52] DIREITO LEGAL. 2018. Disponível em: https://direito.legal/dicionario-juridico/in-re-ipsa-significado/. Acesso em: 2 dez. 2021.

[53] TARTUCE, Flávio. **Responsabilidade Civil**. Rio de Janeiro: Grupo GEN, 2021, p. 449. 9786559640959. Disponível em: https://app.minhabiblioteca.com.br/#/books/9786559640959/. Acesso em: 17 nov. 2021.

[54] BRASIL. Superior Tribunal de Justiça, **Súmula n. 385**. Disponível em: https://www.stj.jus.br/docs_internet/revista/eletronica/stj-revista-sumulas-2013_35_capSumula385.pdf.

> Em todos os casos, como os cadastros de consumidores lidam com o nome, direito da personalidade com proteção fundamental, é correto entender que os danos imateriais presentes são presumidos ou *in re ipsa*."[55]

Trazendo estes conceitos para a LGPD, a pergunta é se o mero fato de ter ocorrido vazamento de dados de consumidores em decorrência de um crime virtual acarretaria a responsabilização das empresas que lidam com dados, ainda que não seja esta a atividade fim desenvolvida por ela.

Existe entendimento manifestado em caso análogo, no sentido de que o simples fato de ter havido compartilhamento de dados viola o direito à privacidade do titular e enseja responsabilização do agente ofensor, ou seja, dano moral *in re ipsa*:

> RECURSO ESPECIAL. FUNDAMENTO NÃO IMPUGNADO. SÚM. 283/STF. AÇÃO DE COMPENSAÇÃO DE DANO MORAL. BANCO DE DADOS. COMPARTILHAMENTO DE INFORMAÇÕES PESSOAIS. DEVER DE INFORMAÇÃO. VIOLAÇÃO. DANO MORAL IN RE IPSA. JULGAMENTO: CPC/15.[56]

Há, por outro lado, entendimento do qual particularmente compartilho, de que é necessária a demonstração de um efetivo dano sofrido pelo consumidor para que seja cabível indenização por danos morais. Aliás, o caput do artigo 42 da LGPD[57] é

[55] TARTUCE, Flávio. Responsabilidade Civil. Rio de Janeiro: Grupo GEN, 2021, p. 883. 9786559640959. Disponível em: https://app.minhabiblioteca.com.br/#/books/9786559640959/. Acesso em: 17 nov. 2021.

[56] BRASIL. Superior Tribunal de Justiça, **Resp** 1758799/MG, Rel. Ministra Nancy Andrighi, Terceira Turma, julgado em 12/11/2019.

[57] BRASIL, Lei 13.709/2018, Lei Geral de Proteção de Dados. Disponível em http://www.planalto.gov.br/ccivil_03/_ato2015-2018/2018/lei/l13709.htm. Acesso em: 20 ago. 2021.

claro ao exigir a existência de um dano para que haja a responsabilização dos agentes de tratamento, bem como que tal dano seja decorrente da violação à LGPD. Nesse sentido:

> BANCÁRIO. Fraude. "Golpe do motoboy". Danos morais. Inocorrência. Ausência de provas de violação a direito de personalidade. Suposto vazamentos de dados que, por si só, não é causa eficiente de danos morais. Sentença mantida. Recurso não provido.[58]

Insta salientar, por fim, que se as medidas de prevenção à crimes virtuais não forem adotadas satisfatoriamente pelas empresas no intuito de proteger os dados de seus consumidores, bem como não houver observância dos princípios trazidos pelo artigo 6º da LGPD, inevitavelmente a empresa deverá responder pelo incidente, haja vista a violação ao que determina o artigo 46 da LGPD[59].

2.3. Excludentes de responsabilidade civil objetiva

A LGPD traz, em seu artigo 43, as hipóteses de exclusão da responsabilidade civil, sendo estas:

(I) que não realizaram o tratamento de dados pessoais que lhes é atribuído;

(II) que, embora tenham realizado o tratamento de dados pessoais que lhes é atribuído, não houve violação à legislação de proteção de dados; ou

[58] SÃO PAULO. TJSP. **Apelação Cível** n. 1033826-30.2019.8.26.0100, Relator Des. Tasso Duarte de Melo, julgado em 11/06/2020.

[59] BRASIL, Lei 13.709/2018, Lei Geral de Proteção de Dados. Disponível em http://www.planalto.gov.br/ccivil_03/_ato2015-2018/2018/lei/l13709.htm. Acesso em: 20 ago. 2021.

(III) que o dano é decorrente de culpa exclusiva do titular dos dados ou de terceiro.[60]

As hipóteses do artigo 43 da LGPD[61] são claras e ao que nos interessa em relação ao tema proposto, qual seja, a responsabilidade das empresas que tratam dados em caso de crime virtual que resulta em vazamento de dados dos titulares, trataremos apenas da hipótese prevista no inciso III, mais especificamente em relação à culpa de terceiro, a qual é capaz de excluir o nexo de causalidade entre a conduta e o dano, sendo necessário verificar, no caso concreto e através de "análise subjetiva do Julgador[62]", sobre a incidência ou não desta excludente.

Como há previsão no artigo 45 da LGPD[63] de que aplica-se às relações de consumo a legislação pertinente, é possível a aplicação concomitante dos artigos 12, parágrafo 3ª, inciso III e 14, parágrafo 3º, inciso II do CDC[64], que também preceituam sobre a excludente de responsabilidade civil objetiva por culpa de terceiro, porém, são mais específicas para casos de fornecimento de produto ou serviço.

[60] BRASIL, Lei 8.078/1990. Código de Defesa do Consumidor. Disponível em http://www.planalto.gov.br/ccivil_03/leis/l8078compilado.htm. Acesso em: 20 ago. 2021.

[61] BRASIL, Lei 13.709/2018, Lei Geral de Proteção de Dados. Disponível em http://www.planalto.gov.br/ccivil_03/_ato2015-2018/2018/lei/l13709.htm. Acesso em: 20 ago. 2021.

[62] BRUNO, Marcos Gomes da Silva. **Dos Agentes de Tratamento de Dados Pessoais.** *In*: MALDONADO, Viviane Nóbrega; BLUM, Renato Opice (Coord.). LGPD: Lei geral de proteção de dados: comentada. São Paulo: Revista dos Tribunais, 2019. p. 350.

[63] BRASIL, Lei 13.709/2018, Lei Geral de Proteção de Dados. Disponível em http://www.planalto.gov.br/ccivil_03/_ato2015-2018/2018/lei/l13709.htm. Acesso em: 20 ago. 2021.

[64] BRASIL, Lei 8.078/1990. Código de Defesa do Consumidor. Disponível em http://www.planalto.gov.br/ccivil_03/leis/l8078compilado.htm. Acesso em: 20 ago. 2021.

Com efeito, em eventual ocorrência de vazamento de dados de consumidores decorrente de crime virtual, a empresa responsável pelo tratamento não poderá alegar culpa de terceiro indiscriminadamente, haja vista que, tratando-se de responsabilidade civil objetiva e, somado a isso, considerando a teoria do risco, deve existir, necessariamente, a preocupação e cuidado com os dados dos titulares. Para tanto, é dever das empresas que tratam dados de consumidores, seja para qualquer fim, a adoção "das melhores técnicas de proteção do ambiente[65]" onde se encontram os dados.

Em outras palavras, para que a empresa/fornecedor possa alegar culpa exclusiva de terceiro, é necessário que esta tenha tomado todas as medidas de segurança disponíveis e, claro, de qualidade e efetividade, devendo demonstrar no caso concreto que tomou todos os cuidados para impedir que o ataque *hacker* viesse a ocorrer, contudo, não foi possível evitá-lo.

Cabe acrescentar sobre o "corolário da Lei Geral de Proteção de Dados entre responsabilidade e falha na implementação de medidas de segurança"[66], que é impossível a blindagem absoluta pelas empresas, pois como já visto anteriormente, a tecnologia utilizada pelos invasores evolui numa rapidez surpreendente[67].

[65] Bruno, Marcos Gomes da Silva. **Dos Agentes de Tratamento de Dados Pessoais**. *In*: Maldonado, Viviane Nóbrega; BLUM, Renato Opice (Coord.). LGPD: Lei geral de proteção de dados: comentada. São Paulo: Revista dos Tribunais, 2019. p. 350.

[66] Bruno, Marcos Gomes da Silva. **Dos Agentes de Tratamento de Dados Pessoais**. *In*: Maldonado, Viviane Nóbrega; Blum, Renato Opice (Coord.). LGPD: Lei geral de proteção de dados: comentada. São Paulo: Revista dos Tribunais, 2019. p. 349.

[67] Bruno, Marcos Gomes da Silva. **Dos Agentes de Tratamento de Dados Pessoais**. *In*: Maldonado, Viviane Nóbrega; Blum, Renato Opice (Coord.). LGPD: Lei geral de proteção de dados: comentada. São Paulo: Revista dos Tribunais, 2019.

Sendo assim, em eventual incidente de vazamento de dados de consumidor é possível a alegação da excludente por culpa de terceiro "mediante a comprovação de que os sistemas envolvidos no incidente eram efetivamente seguros, e adotavam o que há de melhor no estado da técnica de segurança [...]"[68], vez que respeitado o que determina o artigo 46 da LGPD[69].

3. Casos concretos

Vislumbra-se nas incontáveis ações que vem surgindo no judiciário sobre o tema, que em diversas delas o argumento do consumidor que teve seus dados vazados é de que deve haver a responsabilização objetiva baseada no dano presumido, ou *in re ipsa*, por entender que o simples fato de terem sido vazados seus dados já enseja o dever da empresa de indenizá-lo, pois consumado dano à privacidade do titular[70]. Vejamos a ementa do acórdão da apelação que manteve a sentença de improcedência dos pedidos do requerente, por entender que embora se aplique a responsabilidade objetiva ao caso, pois diante de uma relação de consumo, bem como que seja dever da requerida cuidar e proteger os dados de seus consumidores, não houve demonstração pelo titular dos dados sobre os danos morais sofridos em decorrência de tal vazamento:

> APELAÇÃO – Ação de obrigação de fazer c.c. indenização por danos morais – Contrato de prestação de serviços – Energia elé-

[68] BRUNO, Marcos Gomes da Silva. **Dos Agentes de Tratamento de Dados Pessoais.** *In*: MALDONADO, Viviane Nóbrega; BLUM, Renato Opice (Coord.). LGPD: Lei geral de proteção de dados: comentada. São Paulo: Revista dos Tribunais, 2019. p. 350

[69] BRASIL, Lei 13.709/2018, Lei Geral de Proteção de Dados. Disponível em http://www.planalto.gov.br/ccivil_03/_ato2015-2018/2018/lei/l13709.htm. Acesso em: 20 ago. 2021.

[70] SÃO PAULO. TJSP. **Apelação Cível** n. 1000397-59.2021.8.26.0405, de Osasco, Relator Des. Irineu Fava, julgado em 28/07/2021.

trica – Pretensão fundada em ocorrência de vazamento de dados pessoais da autora – Fato admitido em defesa apresentada – Falha de segurança – Responsabilidade Objetiva configurada – Situação retratada nos autos que, contudo, não basta para configurar dano de natureza imaterial – Pretensão indenizatória calcada em presunção/expectativa de danos – Ausência de comprovação de efetiva ocorrência de prejuízos – Indenização indevida – Sentença de improcedência mantida – Recurso desprovido.

Em outro recente caso também envolvendo vazamento de dados pessoais decorrente de crime virtual, o Tribunal Paulista entendeu pela manutenção da improcedência dos pedidos do requerente, trazendo argumentos relevantes no sentido de que a empresa acionada tomou todas as cautelas para tratamento dos dados dos consumidores, inclusive enviando comunicado sobre o incidente ocorrido, demonstrando comprometimento e respeito para com seus consumidores, vejamos trechos do julgado:

> Não verifico a presença de qualquer indício de que a apelada não tenha tratado os dados pessoais da apelante com boa-fé (artigo 6º, inciso VII, da LGPD). E o próprio comunicado realizado a seus consumidores sobre o incidente revela a transparência para o gerenciamento da situação (fls.220/226).
>
> A apelada demonstra que está comprometida com o tratamento adequado dos dados e a consequente proteção, conforme a política de privacidade que adota (fls. 187/191).[71]

Em mais um caso o Tribunal Paulista ainda utilizou a teoria do risco para fundamentar a aplicação da responsabilidade objetiva da empresa demandada. Não obstante, entendeu que

[71] SÃO PAULO. TJSP. **Apelação Cível** n. 1025181-37.2020.8.26.0405, de Osasco, Relator Des. Sá Moreira de Oliveira, julgado em 18/10/2021.

não houve dano moral causado ao titular dos dados pessoais[72], vejamos o referido aresto:

> APELAÇÃO. CONTRATO DE PRESTAÇÃO DE SERVIÇOS. ENERGIA ELÉTRICA. AÇÃO INDENIZATÓRIA POR DANO MORAL. VAZAMENTO DE DADOS DO SISTEMA DA PRESTADORA DO SERVIÇO. INEQUÍVOCA FALHA NA SEGURANÇA DO SISTEMA. RESPONSABILIDADE OBJETIVA PELO FATO DO SERVIÇO. ADEMAIS, TRATA-SE DE HIPÓTESE INSERIDA NO RISCO DA ATIVIDADE EMPRESARIAL DA APELADA. INTELIGÊNCIA DO ART. 14 DO CÓDIGO DE DEFESA DO CONSUMIDOR (CDC). AUSENTE, CONTUDO, UTILIZAÇÃO DOS DADOS PARA PRÁTICA DE CRIME POR TERCEIROS OU QUE DE ALGUM MODO TENHA CAUSADO DANOS AO AUTOR. FATO EVENTUAL E INCERTO QUE NÃO TEM O CONDÃO DE GERAR DIREITO INDENIZATÓRIO. SENTENÇA MANTIDA. RECURSO IMPROVIDO. 1.- Se a ofensa não violou direitos da personalidade do autor, mas apenas lhe causou aborrecimentos, os quais, pela intensidade demonstrada, não podem ser tidos como suficientes a ensejar indenização por dano moral. 2.- Vazamento de informações pessoais dos consumidores, no caso, do consumidor inscrito no banco de dados da empresa ré, tem-se por configurada a falha na preservação do sigilo dos referidos danos, mas que, no caso, não enseja indenização por dano moral, em razão da ausência de demonstração de que os dados do consumidor tenham sido indevidamente utilizados ou causado algum dano.

Há, contudo, casos onde houve entendimento de que o vazamento de dados sensíveis do consumidor acarretou danos morais a este, que também passou a receber cobranças extraju-

[72] SÃO PAULO. TJSP. **Apelação Cível** n. 1000047-71.2021.8.26.0405, de Osasco, Relator Des. Adilson de Araujo, julgado em 14/09/2021.

diciais e, somado a isso, houve resistência por parte da empresa requerida na solução do problema de forma extrajudicial:

> APELAÇÃO – DECLARATÓRIA DE INEXISTÊNCIA DE DÉBITO C/C INDENIZATÓRIA POR DANOS MORAIS – SENTENÇA DE PROCEDÊNCIA EM PARTE. DANOS MORAIS – Pretensão da autora à condenação dos réus a tal título – Cabimento – Contratação fraudulenta de maquinetas de cartão de crédito em nome da autora – Ausência de negativação que não impede o reconhecimento de danos morais passíveis de reparação – Vazamento de dados sensíveis, cobranças extrajudiciais, recusa administrativa à solução da controvérsia e tempo perdido – Danos evidentes – Indenização por danos morais ora fixada em cinco mil reais – Sucumbência integralmente carreada aos réus. SENTENÇA REFORMADA – RECURSO PROVIDO EM PARTE.[73]

Por fim, tem-se ainda um relevante caso onde o Tribunal Carioca entendeu pela responsabilização de uma instituição financeira pelo vazamento de dados pessoais e sensíveis de um consumidor que teve seus dados vazados e foi vítima de fraude. Neste caso especificamente, importante destacarmos a fundamentação da condenação, que além de considerar o efetivo dano moral sofrido pelo consumidor, entendeu que pelo porte da empresa e por tratar-se de um banco, o cuidado com os dados deve ser dobrado e, ainda, que aplica-se o fortuito interno ao caso, pois certo que determinados riscos são inerentes à atividade empresarial desenvolvida, vejamos o aludido trecho do aresto:

> Instituição bancária que deve guardar, com zelo ainda maior, os dados pessoais sensíveis de seus clientes, a fim de evitar a exe-

73 SÃO PAULO. TJSP. **Apelação Cível** n. 1013464-34.2019.8.26.0576, de São José do Rio Preto, Relator Des. Sergio Gomes, julgado em 12/06/2020.

> cução de fraudes em razão do vazamento destes dados, cuja privacidade não pode ser violada, mormente em se tratando de empresa do porte do Apelante, que dispõe de todos os recursos para evitar tais acontecimentos. Fraude perpetrada por terceiro que não tem o condão de afastar a responsabilidade do fornecedor, uma vez que se trata de fortuito interno.[74]

Verifica-se, portanto, que diversas são as variáveis a serem consideradas em eventual responsabilização por danos morais da empresa que trata dados de consumidores, vez que deve ser levado em consideração, por exemplo, se trata-se de dados pessoais ou sensíveis, se houve efetivamente um dano moral causado ao consumidor em decorrência do vazamento dos dados, ou ainda, se houve um dano material sofrido que justificasse o dano moral, se a empresa tomou todas as cautelas e adotou tecnologia avançada e suficiência para proteção dos dados dos consumidores, se essa empresa exerce atividade de risco e, o fazendo, se houve esforço superior às demais empresas que não exercem atividade de risco, bem como adoção de medidas mais rigorosas e de acordo com o serviço prestado pela empresa e, ainda, se houve boa-fé pela empresa ao lidar com os dados.

Conclusões

Com o avanço tecnológico a níveis extremamente rápidos as empresas devem adotar medidas para, além de acompanhar essa evolução, prevenir riscos aos consumidores e equiparados, pois como visto, os crimes virtuais são uma realidade não tão nova e se aprimoram tão rapidamente quanto o dito avanço da tecnologia, senão mais rápido.

Tais crimes ocorrem porque hoje os dados são ativos muito valiosos, sendo certo que a informação pode gerar muitos fru-

[74] RIO DE JANEIRO. TJRJ. **Apelação Cível** n. 0018200-52.2020.8.19.0001, Relator Des(a). Ana Maria Pereira De Oliveira, julgado em 12/08/2021.

tos quando filtrada e tratada pelas empresas e até mesmo pelo próprio Estado para o fim a que se destinarem. Um exemplo simples corriqueiro na área privada é a captação de clientes de determinada faixa etária que possuam mesmos interesses e tenham gostos similares, direcionando produtos ou serviços a estes consumidores, os chamados marketing e publicidade digital[75]

Sendo assim, a proteção aos dados pessoais deve ser uma preocupação para as empresas, contudo, não um pesadelo. Isso porque, não se pode considerar que qualquer incidente de crime virtual que culmine em vazamento de dados de consumidores gere o dever de indenização moral por parte dos tratadores de dados indiscriminadamente, ou seja, o dano moral *in re ipsa*.

É certo que as diretrizes e deveres inseridos na LGPD devem ser respeitados e adotados de forma eficaz por quaisquer empresas que de alguma forma trate dados e, principalmente, aquelas das quais se espera mais segurança no tratamento, como instituições financeiras e laboratórios médicos, por exemplo, que possuem riscos inerentes à atividade desenvolvida, atraindo a teoria do risco e a expectativa do consumidor em relação à proteção de seus dados, ou seja, o risco que se espera de determinada atividade ou de determinada empresa que trate dados, ainda que esta não seja sua atividade principal. Não obstante, se verificado no caso concreto que a empresa tomou todas as medidas cabíveis para prevenção do crime virtual e, tratando-se de atividade de risco, que tomou os cuidados de forma dobrada, deve-se aplicar a excludente de responsabilidade por culpa de terceiro em eventual alegação de dano moral pelo consumidor titular dos dados vazados.

[75] PECK, Patrícia. **Proteção de dados pessoais.** Editora Saraiva, 2020, p. 69. Disponível em: https://app.minhabiblioteca.com.br/#/books/9788553613625/. Acesso em: 13 nov. 2021.

Com efeito, cada caso deve ser analisado com suas particularidades, pois como visto, a responsabilidade da empresa varia de acordo com o contexto, tipo de atividade desenvolvida, existência ou não de dano moral sofrido pelo titular ou, ainda, dano material capaz de atrair o dano moral, se os dados são pessoais ou sensíveis, entre outras centenas de possibilidades.

Ao meu ver, não é possível a aplicação do dano moral presumido nos casos onde ocorre vazamento de dados de consumidores em decorrência de crime virtual. Sendo assim, é necessário que seja demonstrado pelo titular do dado um efetivo dano moral sofrido para que este tenha direito à indenização ou, ainda, que tenha havido falha da empresa em relação à proteção dos dados, pois não houve adoção dos melhores sistemas de proteção e demais medidas possíveis para evitar que o vazamento viesse a se consumar, sobretudo nos casos onde a empresa envolvida exerce atividade de risco, que neste caso deverá demonstrar que tomou os cuidados de forma dobrada e, não sendo comprovado tais deveres, cabível a responsabilização destas pelo crime virtual que culminou no vazamento de dado do titular (fortuito interno).

A situação muda quando se trata de dados sensíveis vazados, pois neste caso, a depender de qual dado sensível foi vazado, aplica-se o dano moral *in re ipsa*, uma vez que o simples fato de outras pessoas terem tido acesso à um dado sensível já gera lesão ao titular do dado, como no caso de o titular ser portador de uma doença contagiosa ou possuir algum problema psicológico ou físico.

Ocorre que a LGPD ainda é assunto novo. A jurisprudência vem sendo construída e somente daqui há algum tempo teremos entendimentos melhor sedimentados e precedentes da Corte Suprema que enfrentam o tema com maior profundidade para que então tenhamos maior segurança jurídica em relação aos efetivos direitos dos titulares e situação que acarretam a responsabilização das empresas, evitando a condenação em massa e, consequentemente, banalização do dano moral, na contramão da intenção da LGPD, que é de fomentar a livre iniciativa.

Referências

ALMEIDA, Marília. Idec notifica Enel e orienta consumidores sobre vazamento de dados. **Exame Invest**, 2020. Disponível em: https://invest.exame.com/mf/idec-notifica-enel-e-orienta-consumidores-sobre-vazamento-de-dados. Acesso em: 20 ago. 2021

BRUNO, Marcos Gomes da Silva. **Dos agentes de tratamento de dados pessoais.** In: MALDONADO, Viviane Nóbrega; BLUM, Renato Opice. LGPD: Lei Geral de Proteção de Dados comentada. São Paulo: Revista dos Tribunais, 2019.

BODIN DE MORAES, Maria Celina. **LGPD: um novo regime de responsabilização civil dito "proativo"**. Editorial à Civilistica.com. Rio de Janeiro: a.8, n.3, 2019. Disponível em: http://civilistica.com/lgpd-um-novo-regime/. Acesso em: 20 ago. 2021.

CAPANEMA, Walter Aranha. **A responsabilidade civil na Lei Geral de Proteção de Dados.** Cadernos Jurídicos: Direito Digital e proteção de dados pessoais, ano, v. 21, p. 163-170.

CARDOSO, Oscar Valente. **Glossário da Lei Geral de Proteção de Dados – 10) Tratamento.** Jus Naviandi, 2020. Disponível em: https://jus.com.br/artigos/86197/glossario-da-lei-geral-de-protecao-de-dados-10-tratamento. Acesso em: 02 dez. 2021

CAVALIERI FILHO, Sergio. **Programa de Responsabilidade Civil**, 14ed. São Paulo: Atlas, 2020. Disponível em: vbk://9788597025422/epubcfi/6/4%5B%3Bvnd.vst.idref%3Dhtml2%5D. Acesso em: 21 ago. 2021.

COLUNA DO CT, 2023. **Consultórios médicos podem ser multados em até R$ 50 milhões por descumprir a LGPD**. Disponível em https://clebertoledo.com.br/tocantins/consultorios-medicos-podem-ser-multados-em-ate-r-50-milhoes-por-descumprir-a-lgpd/. Acesso em 24 fev. 2023.

ENEL BRASIL. 2021. Disponível em https://www.enel.com.br/. Acesso em: 21 ago. 2021.

DIREITO LEGAL. 2018. Disponível em: https://direito.legal/dicionario-juridico/in-re-ipsa-significado/. Acesso em: 2 dez. 2021.

FRANK, Felipe; DE OLIVEIRA, Lígia Ziggiotti; CORRÊA, Rafael. Industria do dano moral? Considerações a partir de uma análise doutrinária e jurisprudencial. RFD-**Revista da Faculdade de Direito da UERJ,** n. 23, 2013.Disponível em: https://doi.org/10.12957/rfd.2013.3809. Acesso em: 21 ago. 2021.

Lima, Cíntia Rosa Pereira (coord). Comentários à Lei Geral de Proteção de Dados. Almedina Brasil, 2020. Disponível em: vbk://9788584935796/. Acesso em: 21 ago. 2021.

Gonçalves, Carlos Roberto. **Direito civil brasileiro: responsabilidade civil**. v. 4. 13.ed. São Paulo: Saraiva, 2018.

Grinover, Ada Pellegrini et el. **Código Brasileiro de Defesa do Consumidor: comentários pelos autores do anteprojeto**. 10.ed., rev., atual. e reformulada. Rio de Janeiro: Editora Forense, 2011.

Lopez, T. A. Responsabilidade civil na sociedade de risco. **Revista da Faculdade de Direito**, Universidade de São Paulo, [S. l.], v. 105, p. 1223-1234, 2010. Disponível em: https://www.revistas.usp.br/rfdusp/article/view/67932. Acesso em: 20 ago. 2021.

Nader, Paulo. **Curso de Direito Civil** – Vol. 7 – Responsabilidade Civil, 6ª edição. [Digite o Local da Editora]: Grupo GEN, 2015. p. 116. Disponível em: https://app.minhabiblioteca.com.br/#/books/9788530968724/. Acesso em: 02 dez. 2021.

Pinheiro, Patricia Peck. **Proteção de dados pessoais: comentários à Lei n. 13.709/2018 (LGPD)** / Patricia Peck Pinheiro – 2. ed., São Paulo: Saraiva Educação, 2020. Disponível em: vbk://9788553613625/. Acesso em: 20 ago. 2021.

PROCON SÃO PAULO. 2021. Disponível em: https://www.procon.sp.gov.br/vazamento-de-dados-da-enel/. Acesso em: 21 ago. 2021.

Rizzardo, Arnaldo. **Responsabilidade civil**. 5. ed. rev. e atual. Rio de Janeiro: Forense, 2011.

Stuart, Mariana Battochio; Valente, Victor Augusto Estevam. Microssistema de proteção de dados pessoais nas relações de consumo e a constitucionalização do diálogo das fontes. **Revista de Direito do Consumidor**. vol. 136. ano 30. p. 397-421. São Paulo: Ed. RT, jul./ago. 2021. Disponível em: m https://revistadostribunais.com.br/maf/app/resultList/document?&src=rl&srguid=i0ad82d9b0000017b6a27ae6bdf07a87a&docguid=I0856bbf0f41311eb8485e50ddc5a4ab4&hitguid=I0856bbf0f41311eb8485e50ddc5a4ab4&spos=1&epos=1&td=34&context=257&crumb-action=append&crumb-label=Documento&isDocFG=true&isFromMultiSumm=true&startChunk=1&endChunk=1 nserir link consultado. Acesso em: 20 ago. 2021.

Tartuce, Flávio. **Responsabilidade Civil**, 3. ed., Rio de Janeiro: Forense, 2021. Disponível em: vbk://9786559640959/epubcfi/6/10%5B%3Bvnd.vst.idref%3Dhtml5%5D!/4/2/5:396. Acesso em: 20 ago. 2021.

TASSO, Fernando Antonio. **A responsabilidade civil na Lei Geral de Proteção de Dados e sua interface com o Código Civil e o Código de Defesa do Consumidor.** Cadernos Jurídicos, São Paulo, v. 21, n. 53, p. 97-115, jan./mar. 2020.

TEFFÉ, Chiara Spadaccini de; VIOLA, Mario. **Tratamento de dados pessoais na LGPD: estudo sobre as bases** legais. Civilistica.com. Rio de Janeiro, a9, n.1, 2020. Disponível em: http://civilistica.com/tratamento-de-dados-pessoais-na-lgpd/. Acesso em: 20 ago. 2021.

THEODORO JÚNIOR, Humberto. **Dano Moral**, 8ª ed., Rio de Janeiro: Forense, 2016. Disponível em: vbk://9788530972295/epubcfi/6/10%5B%3Bvnd.vst.idref%3Dcopyright%5D!/4/2/4/1:0. Acesso em: 20 ago. 2021.

TRIBUNAL REGIONAL FEDEREAL DA 3ª REGIÃO. 2021. Disponível em: https://www.trf3.jus.br/lei-geral-de-protecao-de-dados-pessoais-lgpd/dados/.

Jurisprudência e legislação

BRASIL, Lei n. 10.406, de 10 de janeiro de 2002. Institui o **Código Civil**. Disponível em http://www.planalto.gov.br/ccivil_03/leis/2002/l10406compilada.htm. Acesso em: 20 ago. 2021.

BRASIL, Lei 8.078/1990. **Código de Defesa do Consumidor**. Disponível em http://www.planalto.gov.br/ccivil_03/leis/l8078compilado.htm. Acesso em: 20 ago. 2021.

BRASIL, **Constituição Federal**. Disponível em http://www.planalto.gov.br/ccivil_03/constituicao/constituicao.htm. Acesso em: 20 ago. 2021.

BRASIL, Lei 13.709/2018, **Lei Geral de Proteção de Dados**. Disponível em http://www.planalto.gov.br/ccivil_03/_ato2015-2018/2018/lei/l13709.htm. Acesso em: 20 ago. 2021.

BRASIL. Superior Tribunal de Justiça, **Súmula n. 385**. Disponível em: https://www.stj.jus.br/docs_internet/revista/eletronica/stj-revista-sumulas-2013_35_capSumula385.pdf.

BRASIL. Superior Tribunal de Justiça, Terceira Turma. **REsp** n. 1726270/BA. Relator Ministra Nancy Andrighi, julgado em 27/11/2018.

BRASIL. Superior Tribunal de Justiça, Quarta Turma. **REsp** n. 1303014/RS. Relator Luis Felipe Salomão, julgado em 18/12/2014.

SÃO PAULO. TJSP. **Apelação Cível** n. 1033826-30.2019.8.26.0100. Relator Des. Tasso Duarte de Melo. 11/06/2020.

BRASIL. Superior Tribunal de Justiça. **REsp** 1606360/SC, Relator(a) Ministra Nancy Andrighi, Terceira Turma, julgado em: 19/10/2017.

RIO DE JANEIRO. TJRJ. **Apelação Cível** n. 0018200-52.2020.8.19.0001, Relator Des(a). Ana Maria Pereira De Oliveira, julgado em 12/08/2021.

SÃO PAULO. TJSP. **Apelação Cível** n. 1000397-59.2021.8.26.0405, de Osasco, Relator Des. Irineu Fava, julgado em 28/07/2021.

SÃO PAULO. TJSP. **Apelação Cível** n. 1025181-37.2020.8.26.0405, de Osasco, Relator Des. Sá Moreira de Oliveira, julgado em 18/10/2021.

SÃO PAULO. TJSP. **Apelação Cível** n. 1000047-71.2021.8.26.0405, de Osasco, Relator Des. Adilson de Araujo, julgado em 14/09/2021.

SÃO PAULO. TJSP. **Apelação Cível** n. 1013464-34.2019.8.26.0576, de São José do Rio Preto, Relator Des. Sergio Gomes, julgado em 12/06/2020.

SÃO PAULO. TJSP. **Apelação Cível** n. 1033826-30.2019.8.26.0100, Relator Des. Tasso Duarte de Melo, julgado em 11/06/2020.